「税務判例」を読もう！

判決文から
身につく
プロの法律文章
読解力

木山泰嗣 [著]

ぎょうせい

はじめに

　本書は，近年重要性が高まっている「税務訴訟」の判決の読み方を学ぶための一冊です。

　平成23年国税通則法改正によって，税務調査の手続が法定化され，すでに施行されています。平成26年には行政不服審査法（及びこれに伴う国税通則法の改正）の改正も行われました。この改正は，2年後に施行予定とされています。

　前者については，税務調査という納税者に対する課税が行われる場面について，**「法律によるスクリーニング」**をかけた法改正であり，大きな意義を有しています。実際にも，平成23年改正国税通則法が施行されたあとの事務年度において，税務調査の実調率が3割程度減少したとの報道もなされているところです。

　「法律によるスクリーニング」というのは，法律による網といってもよいのですが，こうした法律の枠のなかで行われなければならない税務調査については，本来「法律による行政」という憲法の理念からすれば当然すぎることです。しかし，これまではそうした法整備がなかったため（というより，行政手続法が国税通則法により適用除外とされていたこともあり），いわば無法地帯のような手続が「課税の場面」では行われていた，といっても過言ではありません。

　もっともこれは手続の面です。実体的な側面としては，従前より，租税法律主義のもと，租税実体法（所得税法，法人税法，相続税法，消費税法など）が定める「課税要件」を満たしているかどうか，という「法律によるスクリーニング」が求められています。

　しかし，それが不十分であることもあるため，不服申立てがあり，

はじめに

税務訴訟があり，最終的には「税務訴訟」の判決のなかで，解決策が裁判所により示されることになります。

これは，前頁で触れた後者（平成26年行政不服審査法等改正）の問題にもなってくるのですが，いずれにしても，こうした手続法についての改正がクローズアップされるのが今日の税務問題です。

しかし，現実には課税は「実体法」が基準となって行われるので，それを実現するのが「手続法」という図式になっています。

この点で「手続法」の改正が近年，活発に行われているのは，より「実体法」の課税要件充足について法律の網の目が光るようになってきた，ということを意味するのです。そうであれば，やはり「税務訴訟判決」を学ぶ意義は高まっているといえます。

以上のような観点から，本書は税務実務に携わる専門家の方（特に民事訴訟法の知識はなく，判決の読み方について，そもそも通じていない方）を中心に，これから税務についても職域開拓をしようとされている弁護士の方（この場合，民事訴訟法や判決の読み方一般については精通していると思いますが，税務訴訟については経験も知識も乏しい方が想定されます），あるいは租税法選択をされている法科大学院生や，租税法を学んでいる学生などにも，基本から学べるように，実例を挙げ，基本的かつコンパクトな解説を心がけた一冊になっています。

本書は，月刊「税理」（ぎょうせい）で2年にわたり連載され，おかげさまでご好評をいただきました「判決を読もう！裁判記録から学ぶ税務訴訟の基礎」（平成24年1月号～平成25年12月号）の記事が土台となっています。

それをこのたび，ぎょうせいの編集者の方より「連載原稿を1冊

の本にまとめませんか」というご依頼をいただきました。そうであればと，もともとは本にまとめることなど念頭になく，ひたすら毎月のしめきりに向けて書きつづった連載だったのですが，それもよい機会になると考え，読者のお役に立てるよう，改めて，加筆修正を行い，1冊に仕上げたものです（特に読み心地を重視し，連載時の「である調」は，本書では「ですます調」に変えました）。

わたしは今年（平成26年）1月に『法律に強い税理士になる』（大蔵財務協会）という書籍を刊行し，平成25年から日本経営税務法務研究会が主催する「税務調査士」認定講座の講師も担当させていただいています。これからの税の世界では，「法律」的な考え方を存分に使いこなせる専門家のニーズが，税務調査などの現場で急速に高まっていくものと考えています。

それは，平成23年国税通則法改正によって制定された「調査通達」（「国税通則法第7章の2（国税の調査）関係通達の制定について（法令解釈通達）」）をみても，調査の意義（1-1）として「証拠資料の収集，要件事実の認定，法令の解釈適用など」が掲げられたことに示されるように，**国税当局が，税務調査という調査の場面においても，法的思考のスタンダードである「法的三段論法」を明確に掲げた**点からもうかがえます。

調査を行う国税当局も学びながらになると考えられますが，それを防御する納税者側の専門家（今後，弁護士が法律の専門家として活躍する可能性がありますが，それでも税理士の先生が中心になることは間違いないでしょう）にも，求められる時代になったといえます。

はじめに

　本書はあくまで「税務訴訟」まで行きついた場合のケースブックをひもとく解説書です。しかし，こうした判決文になじむことで，法的な考え方は格段に上がっていくでしょう。これは法律を学び，弁護士として活動をしてきた経験から実感しています。

　税理士の先生におかれても，「"税務訴訟判決"など弁護士の問題だ」，などと思わずに，ぜひ，本書を通じて，判決の読み方に慣れていただければと思います。

　もちろん最終的には弁護士の領域であることは確かです。すべて完璧にわかる必要はありません。

　しかし，**判決の独特な文章やリズムに慣れることができれば，自信をもって「ああ，あの判決ですよね」という議論ができるようになるはずです。**

　その一歩前進のために，本書がお役に立てれば幸いです。

平成26年7月吉日

弁護士　**木　山　泰　嗣**
（きやま　ひろつぐ）

目　　次

はじめに ……………………………………… 1

第Ⅰ部
判決を読もう！

CASE1	：遡及立法違憲判決から裁判の骨組を読む！ ……… 10
CASE2	：判決主文の意味を学ぶ①～第一審判決 ………… 18
CASE3	：判決主文の意味を学ぶ②～控訴審判決 ………… 24
CASE4	：判決主文の意味を学ぶ③～上告審判決（上） ……… 31
CASE5	：判決主文の意味を学ぶ④～上告審判決（下） ……… 38
CASE6	：法令の規定等，争いのない事実等 ………… 44
CASE7	：争点とはなにか？ ……………………………… 50
CASE8	：当事者の主張 ……………………………… 55
CASE9	：裁判所の判断 ……………………………… 61
CASE10	：言い回しでみる判決理由の読み方 ………… 67

　～ちょっと，ひと休み（判決を読む際の注意点）……………… 73

目　次

第Ⅱ部
最高裁判決も読んでみよう！

CASE11：最高裁判決の読み方①〜規範部分を探そう！ ……*76*

CASE12：最高裁判決の読み方②〜原審の判断について ……*82*

CASE13：最高裁判決の読み方③〜調査官解説との併読 ……*88*

CASE14：最高裁判決の読み方④〜「補足意見」の意味 ……*94*

CASE15：最高裁判決の読み方⑤〜下級審での規範との関係
……………………………………………………*100*

CASE16：最高裁判決の読み方⑥〜複数の最高裁判決がある場合 ……………………………………………*106*

CASE17：最高裁判決の読み方⑦〜判例の射程 …………*111*

CASE18：確定判決の影響 …………………………………*117*

　〜ちょっと，ひと休み（最高裁判決の思い出） ……………*125*

第Ⅲ部
判決の考え方を知ろう！

CASE19	：法解釈と法令用語の知識 …………………128
CASE20	：裁判所は通達をどのようにみているのか？ ……134
CASE21	：規範とあてはめ …………………139
CASE22	：法解釈の手法～文理解釈と趣旨解釈 …………145
CASE23	：判例の射程と事実上の拘束力 …………………151
CASE24	：解釈論の限界を考える …………………157

　～ちょっと，ひと休み（法律用語のむずかしさは何が原因⁉）
　　　　　　　　　　　　　　　　　　　　…………………164

あとがき …………166

用語索引 …………169

◇◆本書の構成と読み方◆◇

　本書では，①判決に触れ，②判決を読みこみ，③その考え方を深めていく，という流れで構成しました。各項目は大テーマに沿った形でＣＡＳＥを示しつつ，著名な税務判決をさまざまな側面から紹介しながら解説しています。判決・判例の要点部分には，★❶のように記号をつけて，本文部分の解説とのリンクを図りました。

　各項目の最後には，ポイントチェックをつけています。各項目における重要ポイントの理解に役立つはずです。なお，本文中の表記については，以下の凡例のとおりとしました。

【　凡　　例　】

◇**裁判名の表記例（主にかっこ内について）**

　最高裁平成●年●月●日第一小法廷判決

　　　　　　　　　　　　　⇒　最（一小）判平●.●.●

　●●高裁平成●年●月●日判決　⇒　●●高判平●.●.●

　●●地裁平成●年●月●日判決　⇒　●●地判平●.●.●

◇**判 例 雑 誌 等**

　最高裁判所民事判例集⇒民集，裁判所時報⇒裁時，金融・商事判例⇒金判，月刊税理⇒税理，訴務月報⇒訴月，税務訴訟資料⇒税資，税理士情報ネットワークシステム⇒TAINS，
判例タイムズ⇒判タ，判例時報⇒判時

　◇**法　令　名　等**

　国税通則法／国税通則法施行令⇒通則法／通則令，
　所得税法⇒所法，民事訴訟法⇒民訴法

　＊なお，略式の標記については以下のようにしています。

　　（例）　国税通則法第１条第１項１号　⇒　通則法１①一

第Ⅰ部
判決を読もう！

第Ⅰ部　判決を読もう！

CASE1

遡及立法違憲判決から
裁判の骨組を読む！

＜判決紹介＞
■遡及立法事件（福岡地判平20.1.29・判タ1262号172頁）
主　文 ★1
1　福岡税務署長が原告に対し平成17年6月20日付でした，原告の平成16年分所得税の更正の請求に対する更正をすべき理由がない旨の通知処分を取り消す ★2。
2　訴訟費用は被告の負担とする ★3。

事実及び理由 ★4
第1　請　求 ★5
　主文と同旨
第2　事案の概要 ★6
　本件は，原告が，平成16年3月10日に住宅を譲渡したことにより長期譲渡所得の計算上損失が……被告に対し，本件通知処分の取消しを求めた事案である。
　1　関係法令の定め ★7
（1）所得税法69条1項（損益通算）
　　総所得金額，退職所得金額又は山林所得金額を計算する場合において……
　2　前提事実（争いのない事実並びに証拠及び弁論の全趣旨により容易に認められる事実） ★8
（1）居住用財産の購入及び売却等

10

原告は，平成9年4月27日，……

3 　争　点　★9

損益通算を廃止した本件改正法をその施行時期より前の平成16年3月10日に行われた原告の住宅譲渡について適用することは，憲法（租税法規不遡及の原則）に違反するか。

原告の主張　★10

本件改正法は平成16年3月26日に成立し，同月31日に公布され……

第3　当裁判所の判断　★11

1　租税法規不遡及の原則について

(1)　租税法規不遡及の原則について，憲法上明文の規定はないものの，……

4　よって，原告の請求は理由があるからこれを認容することとし，主文のとおり判決する。

◆1　判決の「骨組み」を知る◆

税務訴訟判決の読み方について，「わかったようでわからない，知っているつもりで実は不安がある。でもいまさら人に聞けない」という方も多いのではないでしょうか。

本書は，そんな方のために，判決・判例の読み方をやさしく解説していきます。自然に法律文章の読解力や法的な思考プロセスが身につく構成になっています。

税理士の仕事には税法が大きく関わりますが，最近は従来の解釈を覆す判決も増えています。**必要な税務訴訟の判決のポイントを素早く読み取る力が，税理士にも必要な時代になってきています。**

判決文を抵抗なく読めるようになるために，ＣＡＳＥ1では判決

第Ⅰ部 判決を読もう！

の骨組みの解説をしていきます。

　そこで，まずは素材として，平成23年の最高裁判決として話題を呼んだ「遡及立法事件」の第一審判決（福岡地判平20.1.29・判タ1262号172頁）を取り上げました（この違憲判決は，残念ながら最高裁で破られています）。

◆2　「主文」で裁判の結論を知る◆

1　判決主文 ★1

　判決主文とは，ひとことでいえば「**判決の結論**」です。もう少しつけ加えると，「**原告の請求に対する判決の結論**」となります。

　税務訴訟の場合には，原告（納税者）の請求に理由がないと裁判所が考えた場合「原告の請求を棄却する」という主文になります。

　ＣＡＳＥ１で取り上げた判決は，原告の請求を認め（認容），課税処分を取り消す旨の主文になっています（棄却，認容などの判決の種類については，ＣＡＳＥ２で解説します）。

2　結論を読む ★2

　原告が請求したとおり，（更正をすべき理由がない旨の）通知処分を取り消す判決主文になっています。税務訴訟での納税者の請求には，①更正処分をされてその取消しを求めるものと，②更正の請求に対して（減額）更正をすべき理由がない旨の通知処分がされてその取消しを求めるもの，この二つがあります。本件は後者（②）です。

3　訴訟費用の負担 ★3

　訴訟費用についても，訴状で原告が請求をすることが通常です。上記のものについては，これに対する答えとして敗訴した被告（国）が負担することが書かれた判決主文です。なお，ここにいう「訴訟

費用」に弁護士費用は含まれていません。

◆3 「事実及び理由」で事件の前提を読む◆

1 事実及び理由 ★4

　事実及び理由は，判決主文に続き，判決の大きな核となるものです。事実及び理由は，判決主文に続き記載される判決理由の一部です。訴訟で裁判所は，①法文を解釈して規範を示し（**法解釈**），②証拠に基づき事実を認定します（**事実認定**）。この①を「**大前提**」，②を「**小前提**」といいます。そして，①に②をあてはめて判決主文を導くことを「**法的三段論法**」といいます。

2 当事者の請求をみる ★5

　判決主文は原告の請求に対する結論だと説明しました。原告の請求は「(当事者)の請求」をみればわかります。被告は原告の請求を「棄却」することを求めるのが通常です。原告の請求が全部認められた場合（全部勝訴），原告の請求と判決主文は一致します。

3 事案の概要をつかむ ★6

　裁判所が認定する事実は，数ページから数十ページにわたるものも多く，詳細に記載されていることが多いものです。

　そこで，「まずは概要（要旨）をつかみたい」という読み手に向けられて書かれるものが「**事案の概要**」です。

　この部分は，コンパクトに最小限のものが書かれています。このような要約方法は，実務で，実際に税務署や国税不服審判所等に提出する書面を作成する場合にも，有効といえます。

　この点で，判決文に書かれている「事案の概要」を読みながら，要約の技術を学ぶこともできます。

4 関係法令の定めを学ぶ ★7

税務訴訟では，特に「(関係)法令の定め」が重要になります。税務訴訟の特徴として，事実認定だけでなく，税法の解釈（法解釈）が争点になることが挙げられます。争点にならない場合でも，課税関係に適用される条文は多く，複雑です。ここを読むとその訴訟で問題となった適用条文の基本がわかります。

実際に税務署や審判所等に提出する書面を作成する場合や，提出書面でなくても自らの検討資料（メモ）などを作成して事案を整理する場合にも，**関係法令をコンパクトに整理する技術**として学ぶべき点があります。

5 前提事実を押える ★8

「**前提事実**」は当事者間に争いがない事実などを意味します。

事実に争いがある場合，民事訴訟（税務訴訟などの行政訴訟も含む）では，原則として，当事者が提出した証拠に基づき認定がされなければなりません（弁論主義の第3テーゼ）。

逆に，争いのない主要な事実は，証拠がなくても認定することができます（弁論主義の第2テーゼ・裁判上の自白）。裁判所に顕著な事実や公知の事実についても，証拠によらずに認定することができるとされています。

こうした観点から，証拠によらずに認定できる事実が，まとめられて「前提事実」という括りで記載されるのが一般です。

6 争点を知る ★9

争点はシンプルなことが多いものです。当事者は，争点を増やしがちですが（**足し算の発想**），裁判所は争点を減らしていきます（**引き算の発想**）。

争点を読むくせをつけると，本質的な争点をみつける力を養う機

会になります。なんでもかんでも記載される当事者の主張書面と違い、裁判所は「引き算の発想」で、シンプルに最も重要なものを「争点」として厳選して列挙するからです。

7 当事者の主張を理解する ★10

「**当事者の主張**」は裁判官が整理して書いています。代理人が判決文を読むと「あれ？ もっと主張したのに……」と思うことがあります。あくまで主張の整理であり、全部ではないのです。

この点については、現実に訴訟代理人として、法廷で訴訟活動を行ってきた弁護士からすると、ものたりないものになっていることが多いのです。往々にして、そうした実情も知らずに、判決文だけを読んで（訴訟記録を閲覧しないで）、「原告代理人（納税者代理人）は主張がまずかったんじゃないか」「もっとこういう角度から主張をすれば勝てたんじゃないか」という論者がでてきます。

しかし、それは実際には十分に主張されていた可能性もあります。なぜなら、判決文に記載される当事者の主張はあくまで裁判官がまとめて書いたものだからです。

原告代理人が、毎回100頁近い準備書面を提出していた場合、それをそのまま判決文に掲載してしまうと、とんでもない分量になります。そこで裁判官は、これを要約というか、かなり圧縮（取捨選択）をして、当事者の主張をまとめてしまうのです。

したがって、判決を読んで当事者の主張を分析したい場合には、裁判所に赴き訴訟記録（主張書面すべてがつづられている全記録）を閲覧しなければなりません。

わたしは裁判所で税務訴訟記録を何度か閲覧したことがありますが、判決文には書かれていない原告代理人（納税者代理人）の説得力ある主張書面に何度も遭遇しました。「なるほど。だから国は負けたのか」と合点がいったものです。

もっとも，最近ではこうした批判を受けないようにするためか，あるいは要約すること自体が面倒なためか，判決前（弁論終結）になると，裁判所から「すみませんが，訴状から準備書面まですべての主張書面についてデータをもらえませんか」といわれることが増えています。

　このような場合，判決に準備書面のデータが転記されるため，代理人が行った主張は大量に記載されることになります。しかしかえって「当事者の主張」部分が長すぎてしまい，判決文本体からずれた「別紙」扱いをされているということもあります。

　どちらがいいのかわかりませんが，判決を書く裁判官にも苦労があるということであり，主張をした代理人（弁護士）にも苦労があるということです。

◆4　「裁判所の判断」が判断のキモ◆

　ここが判断のキモです。判決文を読むときには「**当事者の主張**」と「**裁判所の判断**」★⓫ の二つがあることに気をつけ，後者を判決内容として読むことが必要です（慣れないうちは「当事者の主張」を判決内容だと誤読してしまうことがありますので，注意が必要です）。

　判決を読む際には，必ず「裁判所の判断」という見出しの部分を素早くみつけることが必要になります。この部分に，判決理由が書かれているからです（さきほど「判断のキモ」といったとおりです）。

　やってしまいがちな誤りとして，先ほど挙げたように，当事者の主張欄を熟読して，判決内容だと誤解してしまうケースがあります。

　例えば，納税者が敗訴したと思っていたのに，判決を読んでみたら「あれれ。納税者の主張がガンガン認められているじゃないか」などと誤解して，それを人に伝えてしまうと，思わぬ恥をかくこと

になります。「それは当事者の主張ですよね」といわれるのがオチです。

★**速効でチェック！** 「CASE1」のポイント

- ① 「判決主文」とは，判決の結論のこと。判決文読解のキモとなる「裁判所の判断」の見出し部分を素早くみつけよう。

- ② 税務訴訟の納税者の請求には，①更正処分の取消しや，②更正の請求に対して更正をすべき理由がない旨の通知処分の取消しを求めるものがある。

- ③ 「事実及び理由」も判決の大きな核。「事実の概要」には，コンパクトに事案の概要がまとまっている。

- ④ 税務訴訟では，事実認定だけでなく，税法の解釈（法解釈）が争点になるため，「（関係）法令の定め」が特に重要。

第Ⅰ部　判決を読もう！

CASE 2

判決主文の意味を学ぶ①
～第一審判決

＜判決紹介＞

■武富士事件（東京地判平19.5.23・税資257号）

1　S税務署長が原告に対し平成17年3月2日付けでした，原告の平成11年分贈与税の決定処分，及び無申告加算税賦課決定処分を，それぞれ取り消す ★1。

■レポ取引事件（東京地判平19.4.17・判時1986号23頁）

1　被告国は，原告に対し，次の各金員を支払え ★2。
(1)　63億1,634万2,673円及び内金63億1,634万円に対する平成19年1月1日から支払済みまで，平成19年1月1日から同年12月31日までについては年4.4パーセント，平成20年1月1日以降については年7.3パーセントの割合又は租税特別措置法93条1項に規定する特例基準割合（ただし，当該特例基準割合に0.1パーセント未満の端数があるときは，これを切り捨てる。）のいずれか低い割合による金員

■DES事件（東京地判平21.4.28・訟月56巻6号1848頁）

1　原告の請求をいずれも棄却する ★3。

■ガーンジー事件（東京地判平18.9.5・税資256号）

1　本件訴えのうち，被告が，原告の平成13年4月1日から平成14

年3月31日までの事業年度の法人税について，平成15年7月15日付けでした更正の請求に対してその更正をすべき理由がない旨の通知処分の取消しを求める部分の訴えを却下する ★4。

◆1 「判決主文」の読解ポイント◆

CASE2では，判決文の最初に載っている「**判決主文**」（判決の結論）の意味を学びます。

判決主文だけをみていくと，税務訴訟の判決主文には，いくつかのパターンがあることがわかります。

パターンごとの意味がわかると，判決主文をみるだけで，すぐに結論を理解することができるようになります。

ただ，細かくみていくと，さまざまなバージョンがあるため，本書では，ごく基本的なところで，内容を見分ける視点を提示します。初学者にありがちな間違いとしては，「却下」と「棄却」の違いを混同したり，両者の違いを考えずに「負けか」と判断したりしてしまうことがあります。

却下判決と**棄却判決**の違いは，民事訴訟法においては基本概念ですが，「要するに納税者が負けたということだろう」という感覚で大雑把にみてしまいがちです。

また，判決主文には，第一審，控訴審，上告審とそれぞれの審級ごとに異なる部分がありますが，今回は第一審の判決主文のパターンを学びます。

今回の素材は多岐にわたりますが，いずれも重要な判決です。判決理由についても，あとで読んでください。理解が深まります。

◆2　請求が認容された判決◆

原告が求めた請求を認める判決を「**認容判決**」といいます。

「認容判決」は原告の請求が認められたものなので，「**原告勝訴の判決**」ということができます。

税務訴訟の場合には，納税者勝訴（課税庁敗訴）の事件としてカウントされることになります。

1　量的な分類

「認容判決」には，まず"量的な意味"で二種類があります。

それは原告の請求を全部認める判決（**全部認容判決**）と，一部のみを認める判決（**一部認容判決**）の二種類です。

```
           ┌ 全部認容判決
  認容判決 ┤
           └ 一部認容判決
```

税務訴訟の勝訴率については，国税庁が公表をしていますが，一部でも認容されれば（その割合が，たとえ一割程度だったとしても），納税者勝訴（国税敗訴）の判決としてカウントされます。

2　質的な分類

「認容判決」には，"質的な意味"での種類もあります。それは税務訴訟を離れて，民事訴訟法上の分類に立つと三種類あるのです。①**給付判決**，②**形成判決**，③**確認判決**の三つです。

```
                 ┌ ①　給付判決
  民事訴訟の判決 ┤ ②　形成判決
                 └ ③　確認判決
```

細かいことについてはここでは立ち入りませんが，例えば，①給

付判決は「○○円を支払え」と命ずるものです。②形成判決は、「〜を取り消す」などと法律関係の変動を命ずる判決です。

税務訴訟では、この形成判決（**取消判決**）が圧倒的に多いといえます。その理由は「**取消訴訟中心主義**」といって、課税庁の処分の取消しを求める争い方がメインになっているからです。

そして、最後の③確認判決は、「××であることを確認する」という判決で、税務訴訟ではほとんどみられません。

3 具 体 例

(1) 取消判決（武富士事件）★1

この判決主文は、約2,000億円の還付を生じさせたことで有名な武富士事件の第一審判決です（認容判決）。

S税務署長が行った贈与税決定処分（本税）と加算税賦課決定処分（附帯税）をそれぞれ取り消すことを命じています（**取消判決**）。

なお、延滞税については、取消訴訟の対象になる処分性がないと解されており（判例・通説）、取消しという概念になじまないため記載がありません。

(2) 給付判決（レポ取引事件）★2

この判決主文は、税務訴訟ではあまりみられない給付判決になっています（認容判決）。源泉徴収義務は、納税申告や「課税処分」を経ずに、所定の金員の支払の時に確定するものと解されています（源泉漏れがあったときになされる**納税告知処分**は、**課税処分**ではなく、あくまで**徴収処分**だと解されているからです）。

そこで当初から法律上の原因を欠く**誤納金**として還付を求めることができると考えられています。取消判決ではなく給付判決になっているのは、**不当利得返還請求**を認容したためです。

第Ⅰ部　判決を読もう！

◆3　請求が排斥された判決◆

　これに対して、原告（納税者）の請求を排斥する判決もあります。実際、国税庁の公表（平成26年6月「平成25年度における訴訟の概要」）によれば、平成25年度に終結した税務訴訟のうち、92.7％の請求が認容されていません（一部勝訴を含んだ納税者の勝訴率は7.3％です）。

　請求を排斥する判決には、以下の二種類があります。

1　棄却判決

　原告の請求に「**理由がない**」と裁判所が判断した判決を「**棄却判決**」といいます。

　後述の「却下判決」が実体（なかみ）の審査に入る前に排斥されるのと異なり、「理由がない」というのは実体の審査に対する判断です（課税処分が違法かどうかなど）。

```
納税者の請求を排斥する判決 ┌ ① 棄却判決（理由がない）
                          │
                          └ ② 却下判決（判断をしない）
```

◆棄却判決（DES 事件）★3

　DES 判決は、原告（納税者）の請求が棄却された事件です（全部棄却）。「いずれも」とあるのは、原告の請求が複数ある場合で、すべてを棄却する場合の表現です。

2　却下判決

　請求に「理由があるか」を判断する前に「**門前払い**」をする判決を「**却下判決**」といいます。

　出訴（しゅっそ）期間を徒過した場合など訴訟要件を満たしていないと、裁判所は実体（処分の違法性等）を判断せず請求を却下するのです。

22

◆**却下判決（ガーンジー事件）** ★4

ガーンジー事件では，最高裁で逆転し，原告の請求がほぼ認められています。ここで却下されたのは，訴訟要件を満たしていないと判断された，細かい手続的な判断です。したがって，この判決において却下部分に着目する理由は全くないといってよいのです。

しかし，一般に判決主文をみるときには，納税者の請求を排斥する判決（納税者敗訴判決）にも，二種類あること，すなわち，①処分の違法性について判断をしたが「理由はない」（違法ではない）とする「棄却判決」と，②法律が要求する訴訟要件を満たしていないため，処分の違法性についての判断に入らない「却下判決」（民事訴訟法では，不適法却下ということもあります）の二つがあることは，視点として押えておくことが重要です。

> ★**速効でチェック！** 「ＣＡＳＥ２」のポイント
>
> □ ① 税務訴訟の判決主文（判決の結論）には，パターンがある。
>
> □ ② 原告請求を認めるものを「認容判決」（＝納税者勝訴）という。認容判決には，①全部認容と，②一部認容とがある。
>
> □ ③ 原告請求を排斥する判決は，①「棄却判決」と，②「却下判決」の二つ。棄却は，課税処分の違法性等のなかみを判断した結果,「理由はない」（違法ではない）とするもの。却下は，出訴期間の徒過などで訴訟要件を満たさない場合に請求の実体判断に入らなかったもの。

第Ⅰ部　判決を読もう！

CASE 3

判決主文の意味を学ぶ②
～控訴審判決

＜判決紹介＞

■武富士事件（東京高判平20.1.23・判タ1283号119頁）

1　原判決を取り消す ★1。
2　被控訴人の請求をいずれも棄却する ★2。
3　訴訟費用は，第1，2審とも，被控訴人の負担とする ★3。

■レポ取引事件（東京高判平20.3.12日・金判1290号32頁）

1　本件各控訴をいずれも棄却する ★4。
2　控訴費用は控訴人らの負担とする ★5。

■ストック・オプション事件（東京高判平16.10.7・訟月51巻12号3312頁）

1　一審被告の控訴に基づき，原判決中一審被告敗訴部分を取り消す。一審原告の請求を棄却する ★6。
2　一審原告の控訴を棄却する ★7。
3　訴訟費用は，第1，2審とも，一審原告の負担とする ★8。

◆1　「控訴審判決」の読解ポイント◆

　ＣＡＳＥ３では，「**控訴審判決**」の「**判決主文**」をみていきます。控訴審とは，第一審判決に不服がある当事者が，所定の期間内（2

週間）に控訴することで，スタートする第二審のことです。

　税務訴訟では，高等裁判所（高裁）が控訴審を行うことになります。したがって，高裁判決の主文の読み方だと考えていただければよいのです。この控訴審判決にはいくつかのパターンがあります。

◆2　第一審判決を全部取り消す場合◆

　「武富士事件」では，逆転に次ぐ逆転でした。
　CASE2で紹介した第一審判決では，課税処分が取り消されて納税者が勝訴しました。
　しかし，控訴審判決では，逆転して国税が勝訴しているのです。CASE3の冒頭で紹介したのは，その判決主文です。

1　原判決取消し ★1

　まず，主文1で「原判決を取り消」しています。「**原判決**」というのは，その裁判でもとになった判決という意味です。
　控訴審で「原判決」といえば第一審判決を指し，上告審で「原判決」といえば控訴審判決を指します。最初はわかりにくいかもしれないですが，理解すれば決して難しいことではありません。
　なじみがなく，読みにくいと感じるのは仕方ありません。その用語を自然に読めるようになるためには，**外国語と同じで繰り返し接することで，慣れていく（なじむ）ことが必要です。**
　課税処分を取り消した第一審判決を，控訴審判決が取り消すと，"なにも判断がない状態"がつくられることになります。

2　控訴審での判断 ★2

　そこで控訴審としての判断が，主文2に書かれています。
　被控訴人の請求がいずれも棄却されています。「**控訴人**」というのは，第一審判決に不服があり，控訴をした当事者のことです。

第Ⅰ部　判決を読もう！

これに対して「被控訴人(ひこうそにん)」というのは，控訴をされた当事者をいいます。

> 控 訴 人……　控訴をした当事者
>
> 被控訴人……　控訴をされた当事者

国税の税務訴訟では，以下のようになります。

まず，第一審で納税者が敗訴していた場合には，国（第一審被告）が「被控訴人」となります。逆に，第一審で納税者が勝訴していた場合には，納税者（第一審原告）が「被控訴人」となります。

（国税の税務訴訟の第一審）

> 原　告……納税者
>
> 被　告……国（注：地方税の税務訴訟の場合は地方公共団体）

（国税の税務訴訟の控訴審）

> 控 訴 人……第一審で敗訴した当事者
>
> 被控訴人……第一審で勝訴した当事者

第一審では常に原告が納税者であり，被告が国であるのと異なり，**控訴審では，第一審でどちらが勝訴したかをみないと「控訴人」「被控訴人」が誰を指すのかわかりません**。また，この点を押さえないとどちらが勝訴したのかもわからないため，注意が必要です。

ここでは第一審で勝訴していた納税者である被控訴人の請求（課

税処分取消しの請求）が棄却されています。

3 訴訟費用の負担 ★3

訴訟費用の負担は，敗訴当事者がすべきなのが原則です。

第一審でどちらが勝っていたかにかかわらず，控訴審で負けた当事者が，第一審も含め訴訟費用を負担します。

第一審判決は主文1で取り消され，存在しないものになっているからです（「上で破られる」と裁判官はいいます。第一審の判決書が「上」（控訴審）で破られたのに等しいためにいわれる比ゆです）。

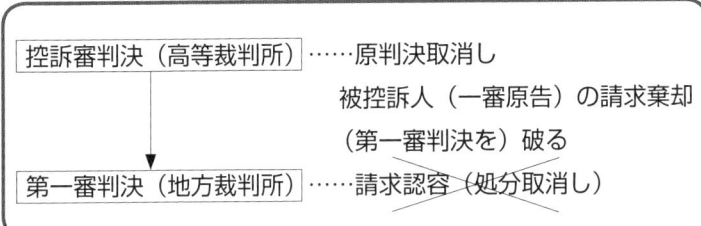

◆3　第一審判決を維持する場合（控訴棄却）◆

第一審判決と控訴審判決の結論が同じ場合もあります。通常の訴訟では同じ場合の方が多いが，税務訴訟では「武富士事件」のように逆転になることもあります。CASE2で第一審判決を紹介した「レポ取引事件」では，処分が取り消され納税者が勝訴した第一審判決が，控訴審でも維持されました。

1 控訴棄却 ★4

このように第一審判決と同じ結論の場合，控訴審の判決では「本件控訴を棄却する」という主文になります。

第一審で負けた当事者からの控訴には「理由がない」ので，第一審と同じ結論になる，という意味です。控訴人の請求が複数あった

場合には「いずれも」が入ります。

2 訴訟費用の負担（当事者複数）★5

訴訟費用の負担は敗訴した当事者ですが，敗訴した当事者が複数いる場合には「ら」という言葉が入ります。「控訴人らの負担とする」というのは，そういう意味です。

判決文では用語は正確に使用されます。意味のない「いずれも」や「ら」，「等」は存在しません。 複数形になっている文章を発見した場合には，その意味を，その都度，きちんと考えることが，判決の正確な理解につながります。このことを肝に銘じてください。

◆4 双方控訴で一方の控訴のみ認容し，第一審判決の一部を取り消す場合◆

少し複雑な例としては，複数の請求のうち一部のみが認容される場合があります。

「ストック・オプション事件」では，①給与所得か一時所得かという所得区分（本税の更正処分の取消しを求める請求），②一時所得の申告に「正当な理由」があるか（加算税の賦課決定処分の取消しを求める請求），の二つの請求が納税者からなされました。

第一審判決で，①は棄却され（給与所得），②は認容された（正当な理由あり）ため，納税者（原告）と国（被告）の双方が，自ら敗訴した部分について控訴をした事件がありました（**双方控訴**）。

```
              ┌ ① 本税（棄却）◀────────納税者が控訴
第一審判決 ┤
              └ ② 加算税（認容・処分取消し）◀── 国が控訴
```

1 原判決一部取消し ★6

控訴審判決は、第一審判決のうち②の請求についても理由がないと考え、「正当な理由」を認めた第一審判決を取り消しました。

「**一審原告**」「**一審被告**」との表記は、双方控訴で、いずれの当事者も、請求内容によっては「控訴人」であり「被控訴人」でもある場合になされます。この場合「控訴人」「被控訴人」としても誰なのか不明だからです。

```
①  本税（棄却）  ┌ 納税者（一審原告）… 控訴人
                 └ 国（一審被告）……… 被控訴人

②  加算税（認容）┌ 国（一審被告）……… 控訴人
                 └ 納税者（一審原告）… 被控訴人
```

2 控訴審での判断 ★7

主文2で、さらに一審原告（納税者）の控訴が棄却されているのは、納税者が第一審で敗訴した①の請求について控訴をしていたためです。この主文2を読むことで、所得区分の争い（①の請求）も敗訴であることがわかります。

3 訴訟費用の負担 ★8

控訴審で①、②の請求いずれも敗訴したことになった一審原告（納税者）が訴訟費用をすべて負担することになっています。

なお、訴訟費用の負担については、判決が確定した場合（税務訴訟の場合は、最高裁判決であることが多いです）、当該確定判決の主文に基づき、請求できる当事者が訴訟費用の負担を求める手続をとった場合に、初めて実現できる請求権となっています。

第Ⅰ部　判決を読もう！

　その内容は，弁護士費用は含まれませんが，提訴や控訴などの際に裁判所に納めた印紙代や準備書面の印刷費用などになります。いずれも請求金額の内容と額を特定したうえで，裁判所書記官に請求をすることが必要になります（逆に，そのような手続をとらない場合には，勝訴した当事者でも，訴訟費用が相手方当事者から返還されることはありません）。

★速効でチェック！　「ＣＡＳＥ３」のポイント

□　①　控訴審は，第一審判決に不服ある当事者が，2週間以内に控訴して始まる第二審。税務訴訟では高等裁判所が控訴審を行う。

□　②　控訴審での控訴人は，第一審判決に不服があり控訴した当事者。控訴された側が被控訴人となる。第一審をみないと控訴人・被控訴人が誰を指しているのかがわからない。

□　③　控訴審判決の代表的なパターンは以下のとおり。
・「原判決取消し」：
　　第一審判決を，控訴審判決が取り消すと，なにも判断がない状態がつくられ，控訴審の判断が示される。
・「控訴棄却」：
　　第一審判決と同じ結論の場合，控訴審の判決では「本件控訴を棄却する」という主文になる。第一審敗訴の当事者の控訴には「理由がない」ため，第一審と同じ結論になる。

CASE 4

判決主文の意味を学ぶ③
～上告審判決（上）

＜判決紹介＞

■武富士事件（最（二小）判平23.2.18・判タ1345号115頁）

原判決を破棄する ★1。

被上告人の控訴を棄却する ★2。

控訴費用及び上告費用は被上告人の負担とする ★3。

■ストック・オプション事件①（最（三小）判平17.1.25・民集59巻1号64頁）

本件上告を棄却する ★4。

上告費用は上告人の負担とする ★5。

■ストック・オプション事件②（最（三小）決平18.10.24・民集60巻8号3128頁）

本件を上告審として受理しない ★6。

申立費用は申立人の負担とする ★7。

■ストック・オプション事件③（最（三小）決平17.1.18・税資255号）

本件を上告審として受理する ★8。

申立ての理由中，租税法上の信義則の解釈適用の誤りをいう点を排除する ★9。

31

第Ⅰ部　判決を読もう！

◆1　上告審判決の読解ポイント（上）◆

ＣＡＳＥ４では，最上級審であり，判例（先例）としての重要度が高い「**上告審判決**」の判決主文をみていきます。

上告審は，控訴審判決に不服がある当事者が，所定の期間内（2週間）に上告手続をとり，開始される三審制の最後の砦です。

控訴と違い，上告には憲法違反を理由とする「**上告**」と，法解釈の重要な誤りを理由とする「**上告受理申立て**」の二つがあります。

上告手続 ｛ ①　上告（憲法違反など）
　　　　　②　上告受理申立て（法解釈の誤りなど）

税務訴訟では，上告審，つまり最高裁で決着がつく事件が多くあります。しかし，①憲法違反を理由とする「上告」は棄却されることがほとんどであり，税務訴訟判例の多くは，②法解釈の誤りを理由とする「上告受理申立て」が最高裁に受理された結果，上告審として審理されたものです。

上告審は，このように二つのルートがあるため，判決主文の種類も多いのです。

そこで，上告審の判決主文については，ＣＡＳＥ４とＣＡＳＥ５の2回にわけて解説していきます。

◆2　控訴審判決を全部破棄する場合◆

武富士事件は，逆転に次ぐ逆転でした（第一審は納税者が全部勝訴，控訴審は国が全部勝訴，上告審では納税者が全部勝訴）。

1 原判決破棄 ★1

「原判決を破棄する」とあるのは，原判決である控訴審判決を破る（取り消す）という意味です。

控訴審判決が第一審判決を破るときは「原判決を取り消す」という主文になりますが，上告審判決が控訴審判決を破るときは「原判決を破棄する」という判決主文になります。

しかし，両者の意味は同じであり，要するに原判決を破る，つまり，原判決の効力を失効させる，ということです。

＜原判決を覆す場合の判決主文＞

> 控訴審判決の場合……「原判決を取り消す」
>
> 上告審判決の場合……「原判決を破棄する」

上告審で原判決が破棄された場合は，控訴審判決（原判決）の効力は失われますが，第一審判決の効力がどうなるかは，さらにそのあとに登場する主文及び第一審判決の内容を照合してみないとわかりませんので，注意が必要です。

武富士事件では，「原判決」（控訴審判決）は，第一審判決を取り消していました。

これを「破棄する」と，第一審判決が取り消されなかったことになり，第一審判決が復活することになります。

そして，第一審判決では，贈与税決定処分を取り消す納税者勝訴の判決だったため，これがそのまま復活して生きることになります。

2 控訴棄却 ★2

こうして武富士事件の上告審判決では，上告人である納税者の主

張は認容されました。他方で国の主張は，排斥されたことになります。

「被上告人の控訴を棄却する」とあるのは，被上告人である国が控訴審で行った控訴には理由がないという意味です。

控訴審判決では被上告人の控訴は認容されましたが，上告審では認めないので棄却にする，ということです。

3 訴訟費用の負担 ★3

訴訟費用の負担については，CASE3で解説したとおりです。「控訴費用及び上告費用は被上告人の負担とする」とあり，第一審の訴訟費用について記載がないのは，復活した第一審判決の主文に，被告（被上告人）負担であることがすでに書かれているからです。

◆3 控訴審判決を維持し上告を認めない場合◆

ストック・オプション事件では，①本税の争い（所得区分や信義則の問題）のほか，②加算税の争い（「正当な理由」の有無。CASE5で解説）も争点でした。そして，下級審では，裁判所ごとにさまざまな判断がなされています。

こうした諸般の複雑な状況を反映し，ストック・オプション事件における最高裁の判決主文には，審級ごとの判断の状況に応じてさまざまな側面がみえてきます。

1 上告を棄却する判決

(1) 上告棄却判決 ★4

「本件上告を棄却する」判決です。

これは，上記①本税のなかでも所得区分（給与所得か一時所得か）の争いについて，控訴審で敗訴した納税者からの上告に理由がないとして排斥したもので，外国法人発行のストック・オプション行使

益を給与所得と判断した最高裁判決として著名な事件の主文です。

　もっとも，上記行使益の所得区分については，給与所得を定めた所得税法28条１項の「**法解釈**」が問題になるため，「上告受理申立て」が必要になります。

　この点については，この判決の１週間前に，上告受理申立てを受理する旨の決定がなされています ★8。

(2)　**訴訟費用の負担** ★5

　上告を棄却する判決なので，控訴審までの訴訟費用の負担については，そのまま生きて確定することになり，控訴審判決で記載済みとなります。そこで上告費用のみが記載されているのです。

2　上告受理申立てを受理しない決定

(1)　**上告不受理の決定** ★6

　上告受理申立てが受理されるためには，「上告受理申立て理由」が必要になります。具体的には「法解釈の誤りに関する重要なもの」か「判例違反」です（民訴法318①）。

　上告受理申立てをしても「上告受理申立て理由」がないと判断されると，判決ではなく「決定」で不受理となります。決定は判決と異なり言渡しが不要なため，郵送で届けられます。

(2)　**申立費用の負担** ★7

　上告受理申立てが不受理になったため，当該申立費用の負担について記載がされています。

◆4　上告受理申立てを受理する場合◆

1　上告受理の決定 ★8

　ストック・オプション行使益の所得区分の争いには「上告受理申立て理由」があると判断され，上告審として受理されました。

第Ⅰ部　判決を読もう！

ただし，1週間後に判決で上告が棄却されています ★4 。

2　上告受理決定における排除 ★9

上告受理申立て理由のうち裁判所が「重要」だと判断したものは受理されますが，「重要でない」と判断されると排除されます（民訴法318③）。

```
              ┌ 法解釈の重大な
              │ 誤りがある場合……………受理：判決言渡し
上告受理申立て ┤
              │ 法解釈の重大な
              └ 誤りがない場合……………不受理
```

ストック・オプション事件では，①本税の争いのうち，信義則違反の主張は「重要でない」として受理されませんでした（排除）。そのため，判決 ★4 でも判断はないのです。

★速効でチェック！　「CASE4」のポイント

- ① 上告審は，控訴審判決に不服のある当事者が2週間以内に手続をとり，開始する三審制最後の砦。憲法違反が理由になる「上告」と，法解釈の重要な誤りが理由になる「上告受理申立て」の二つがある。

- ② 税務訴訟は，最高裁での決着が多い。ただ上告の多くは棄却される。税務判例の多くは，法解釈の重要な誤りを理由とする上告受理申立てが最高裁に受理された結果，上告審で審理されたもの。

- ③ 「原判決破棄」とは，控訴審判決を破る（＝取り消す）の意味。控訴審が第一審判決を破るときは「原判決を取り消す」との主文だが，上告審判決が控訴審判決を破るときは「原判決を破棄する」。両者の意味は同じで，原判決の効力を失効させる。

第Ⅰ部 判決を読もう！

CASE 5

判決主文の意味を学ぶ④
〜上告審判決（下）

＜判決紹介＞

■ストック・オプション事件④（最（三小）判平18.10.24・民集60巻8号3128頁）

1 原判決のうち平成11年分の所得税に係る過少申告加算税賦課決定の取消請求に関する部分を破棄する ★1。
2 前項の部分につき，被上告人の控訴を棄却する ★2。
3 上告人のその余の上告を棄却する ★3。
4 訴訟の総費用は，これを50分し，その1を被上告人の負担とし，その余を上告人の負担とする ★4。

■養老保険事件①（最（二小）判平24.1.13・民集66巻1号1頁）

1 原判決を破棄する ★5。
2 第1審判決中，更正処分の取消請求を認容した部分をいずれも取り消し，同請求をいずれも棄却する ★6。
3 その余の部分につき，本件を福岡高等裁判所に差し戻す ★7。
4 （訴訟費用は，略）

■養老保険事件②（最（一小）判平24.1.16・判タ1371号118頁）

1 原判決中，第1審被告の敗訴部分を破棄する ★8。
2〜4（略）

◆1 上告審判決の読解ポイント（下）◆

CASE5は，CASE4に続いて，「**上告審判決**」の「**判決主文**」をみていきます。前回もみた「ストック・オプション事件」では，最高裁での「**一部取消判決**」（納税者一部勝訴判決）を取り上げます（ストック・オプション事件④）。

また，平成24年の1月に最高裁判決が下された「養老保険事件」は，「差戻し判決」があった点に特徴があります。同事件は，原判決（控訴審判決）の納税者全部勝訴判決を破棄したもの（養老保険事件①）と，控訴審判決の納税者一部勝訴判決を破棄したもの（養老保険事件②）の二つがあり，両者の違いについても解説します。

	【第一審】	【控訴審】
養老保険事件①	全部取消し	控訴棄却（同様）
養老保険事件②	全部取消し	本税：適法
		加算税：違法（取消し）

◆2 控訴審判決を一部破棄する場合◆

「ストック・オプション事件④」では，原判決（控訴審判決）で，外国法人発行のストック・オプションで得た利益は「給与所得」に当たり（本税），かつ一時所得で納税者が申告したことに「正当な理由」（通則法65④）もない（加算税）とされ，国が全面勝訴しています。これに対して，最高裁は「正当な理由」についてはこれを認め，加算税の賦課決定処分を取り消す「**一部取消判決**」（納税者一部勝訴判決）を言い渡しました。

第Ⅰ部　判決を読もう！

> 【控訴審】本　税：適法（給与所得）
> 　　　　　加算税：適法（「正当な理由」なし）
> 【最高裁】本　税：適法（給与所得）
> 　　　　　加算税：違法（「正当な理由」あり）

1　原判決の一部破棄 ★1

　上記のとおり，国が全面勝訴した控訴審判決の一部（加算税部分）が破棄されています。

　それ以上に，加算税の賦課決定処分を取り消すという判示まではないのは，同事件の第一審では，納税者が（本税も加算税も）全部勝訴していたため，これを取り消した控訴審判決の加算税部分を取り消すだけで，第一審判決が加算税部分を取り消した判決主文が復活する（残る）からです。

2　控訴の一部棄却 ★2

　「前項の部分」で上記のとおり，被上告人（国）が控訴審判決で勝訴していた加算税部分が破棄されたため，この部分について被上告人（国）が控訴審で行っていた「控訴」が「棄却」されています。

　これによって，納税者が勝訴していた加算税部分を取り消した第一審判決の主文が復活することは，上述のとおりです。

3　上告の一部棄却 ★3

　「上告人のその余の上告を棄却する」とあるのは，上告人（納税者）が主張していた本税部分の取消しを求める請求（一時所得との主張）は理由がない（給与所得である）とされたためです。

4　訴訟費用の一部負担 ★4

　判決が「全部判決」（全部認容又は全部棄却）の場合，敗訴当事者が，訴訟費用の全部を負担する旨の判決主文になるのが通常です。

本件では，加算税部分のみ納税者が勝訴している一部認容判決ですが，納税者が取消しを求めた全体からみると加算税部分はわずかです。そこで訴訟費用の負担も，50分の1のみを被上告人（国）が負担し，50分の49を上告人（納税者）が負担するとされています。

◆3　控訴審判決を全部破棄し，一部を差し戻す場合◆

「養老保険事件①」では，原判決（控訴審判決）で，法人が負担した保険料も一時所得から控除できるとされ，納税者が全部勝訴（本税も加算税も）していました。

これに対して，最高裁は法人が負担した保険料は控除できないとして本税の処分を適法としています。

ただ加算税については，「**正当な理由**」の有無を判断するよう差し戻す破棄判決（納税者敗訴）を言い渡しました（加算税については**差戻審**の結論がでるまで，なお争いが続くことになります）。

1　原判決（全部）破棄 ★5

納税者が勝訴していた控訴審判決の全部が破棄されています。

2　第一審判決の一部取消し ★6

「第1審判決中，更正処分の取消請求を認容した部分をいずれも取り消し，同請求をいずれも棄却する」とあるのは，第一審・控訴審ともに納税者が全部勝訴していたため，原判決（控訴審判決）を破棄するだけでは足りず，もとになっている第一審判決を取り消す必要があるからです。

3　一部差戻し ★7

「その余の部分」は，加算税部分です（★6は「更正処分」とあり，本税部分）。加算税部分（法人が負担した保険料も控除した納税者の申告に「正当な理由」があるか否か）は，最高裁が自ら判断（自判）す

ることなく,「福岡高等裁判所」に差し戻しています。

　法律審である最高裁が自ら判断を行える場合(事実関係の証拠がでそろっている場合)は**自判**(じはん)になりますが,本件は控訴審まで本税部分がメインの争いになっており「正当な理由」があるか否かについて判断をする基礎資料(証拠)が不十分であったため「**破棄差戻し**」になったものと考えられます。

◆4　控訴審判決を一部破棄し,差し戻す場合◆

　「養老保険事件②」は,控訴審では本税は国(第一審被告)が勝訴し加算税は納税者(第一審原告)が勝訴していたため,国が控訴審では敗訴していた加算税部分の判断が破棄されたことを意味します★8。

　ただし,判断そのものは福岡高等裁判所に差し戻されています。

　その後,**差戻審**での判決では,「正当な理由」はないと判断され,加算税部分についても適法であること(国税勝訴)が確定しました(福岡高判平25.5.30・裁判所ＨＰ。なお,養老保険事件①及び②のいずれについても,同裁判所の同日づけの差戻審判決が出ており,「正当な理由」は否定されています(確定))。

★速効でチェック！　「CASE5」のポイント

☐ ①　「ストック・オプション事件④」の控訴審判決では，ストック・オプションで得た利益は「給与所得」にあたり，かつ一時所得での納税者申告に「正当な理由」もないとされ国が全面勝訴。だが，最高裁では「正当な理由」については認め，加算税の賦課決定処分を取り消した「一部取消判決」（納税者一部勝訴判決）。

☐ ②　「養老保険事件①」では，控訴審判決で法人負担の保険料も一時所得から控除できるとされ，納税者全部勝訴。一方，最高裁は法人負担分の保険料は控除できないとして本税処分を適法とした。加算税については，「正当な理由」の有無を判断するよう差し戻す破棄判決（納税者敗訴）を言い渡した（破棄差戻し）。

☐ ③　「養老保険事件②」の控訴審では，本税は国が勝訴。加算税について納税者（第一審原告）が勝訴していたため，国が控訴審では敗訴した加算税部分の判断が破棄された。ただし，判断そのものは福岡高等裁判所に差し戻され，その差戻審判決では「正当な理由」はないとして加算税部分の処分の適法（国税勝訴）が確定した。

第Ⅰ部 判決を読もう！

CASE6

法令の規定等，争いのない事実等

＜判決紹介＞
■武富士事件（東京地判平19.5.23・税資257）
1 法令の規定等
(1) 相続税法は，贈与税の納税義務者について，贈与により財産を取得した個人で…と規定している（法1条の2第1号，2条の2第1項）★1。
(2) 相続税法基本通達（略）1・1の2共－5は，法に規定する「住所」とは，各人の生活の本拠であり，…客観的事実によって判定する旨規定している★2。
2 争いのない事実等
(1) A社は，オランダ王国における有限責任非公開会社であり，総出資口数は800口である。
(2) S税務署長は，本件贈与について，平成17年…付けで，原告に対し，贈与税の課税価格を1,653億…円とする平成11年分贈与税の決定処分（略）及び納付すべき加算税の額を173億…円とする無申告加算税賦課決定処分（略）をした★3。
(5) 原告は，平成17年9月10日，本件訴えを提起した（当裁判所に顕著な事実）★4。

◆1　判例の中身をどう捉えるか◆

前回まで，判決主文の読み方について，第一審から上告審まで，さまざまなパターンをみてきました（CASE1～CASE5）。

CASE6から判決の中身（判決理由）に入ります。

判決主文と異なり，判決理由については，基本的にはそのまま読めば（読解力があれば），ある程度は理解ができるはずです。

もっとも「**民事訴訟法**」の知識がないと，**正確な理解ができない部分がある**ことも事実です。

そこで，こうしたテクニカルな（技術論的な）部分も含めて，CASE6では，話題を呼んだ武富士事件（最（二小）判平23.2.18・判タ1345号115頁）の第一審判決を素材に，判決理由の前提部分をみていきます。

具体的には，「法令の規定等」「争いのない事実等」の二つです。

◆2　法令の規定等◆

「法令の規定等」が判決文に挙げられるのは，民事事件（税務訴訟などの行政事件も含みます）全体のなかでは少ないものです。

しかし，税務訴訟の場合，課税処分の適法性を判断するために検討すべき法令等が多岐にわたる場合も多くあります。

そこで「**法令の規定等**」「**法令等の定め**」「**関係法令等の定め**」などと，法令等の定めが整理されることがあります。

法令の規定等が整理されていると六法を引かずに，判決文を読むだけで，訴訟の全体像がわかるので親切で丁寧な判決だといえます。

1　法令の規定 ★1

法令には，**法律**のほかに**命令**（内閣が定める**施行令**・各省大臣が定

める**施行規則**）も含まれます。

　ここでは，相続税法が「贈与税の納税義務者について，贈与により財産を取得した個人で当該財産を取得した時において，この法律の施行地に住所を有する者（略）である場合には，その者が贈与により取得した財産の全部に対し贈与税を課すると規定している」ことが判示されています。

2　通達の規定 ★2

　「法令の規定等」とあるのは，「法令の規定」ではない「規定」もあるからです（ここでは「通達の規定」を指します）。

　通達は，国税庁長官が課税庁内部の指針として示す内部規範です。その根拠は，国家行政組織法14条2項にあります。

　「各省大臣，各委員会及び各庁の長官は，その機関の所掌事務について，命令又は示達するため，所管の諸機関及び職員に対し，訓令又は通達を発することができる」という定めです。このように**通達は法律ではなく，「法令」にもあたりません**。

　租税法律主義（憲法84）からは，国会の議決によらない通達での課税は許されません（**通達課税の禁止**）。

　もっとも，当該税法の条文を解釈するにあたって，課税庁内部の指針である通達の定めが参考になる場合もあります。

　ここでは，相続税基本通達1・1の2共－5（平成12年改正前のもの）が挙げられています。具体的には「法に規定する「住所」とは，各人の生活の本拠であり，生活の本拠であるかどうかは客観的事実によって判定する旨規定している」ことが判示されています。

◆3　争いのない事実等◆

　判決で認定される事実については，当事者から提出された証拠に

基づかなければならないのが原則です（**弁論主義**）。当事者が提出をしていないのに、裁判官が職権で収集した証拠を判決で認定する事実の基礎にすることは禁止されており（**職権証拠調べの禁止**）、これを「**弁論主義の第3テーゼ**」といいます（CASE1参照）。

弁論主義というのは、**当事者主義**のことです。裁判所が職権で訴訟資料を集めるのではなく、当事者自身が訴訟資料を集めて裁判所に提出しなければならないという原則のことで、**民事訴訟法が採用している重要な原理原則です。**

逆に、**職権主義**という考え方もあります。職権主義を採用した制度では、当事者ではなく判断権者が主導権を持つことになります。そのため、職権主義では、判断権者が自ら調査をし、証拠の収集を行っていくのですが、民事訴訟（税務訴訟などの行政訴訟を含む）では、そのような考え方ではなく、**弁論主義（当事者主義）が原則となっています。** また、補足になりますが、「**弁論主義の第1テーゼ**」は、裁判所は当事者が主張しない事実を判決の基礎としてはならない、というものです。

もっとも、税務の争いでは、不服申立て（審査請求）段階では、職権主義が採用されており、国税不服審判所の審判官はみずから積極的に証拠の収集を行い、請求人（納税者）や関係者から事実の聴取なども行います。

1 争いのない事実 ★3

このように民事訴訟では、弁論主義が採用されているため、当事者から提出された証拠なくして事実を認定できないのが原則です。

もっとも、当事者間で争いのない事実については、証拠がなくてもそのまま判決で認定する事実の基礎にしてよいとされています。これを「**弁論主義の第2テーゼ**」といいます。

法律上の効果が認められるために条文に示された類型である**要件**

事実（特にこうした要件事実にあてはまる当該事案における具体的な事実である**主要事実**）については，立証責任を負う当事者が立証できない限り，そのような事実があったとは認められないのが原則です。

ただし，例外的に，相手方当事者が争わない場合（認めている場合）には，証拠がなくても，その事実があったと認定でき（民訴法179），これを「**裁判上の自白**」といいます。

2　裁判所に顕著な事実 ★4

「証拠もなく，争いがない事実でもない。しかし（その事実があったことが確かであることが）顕著である」という場合もあります。

この場合も例外的に，証拠がなくても，その事実が認定されます（民訴法179）。これを「**顕著な事実**」といいます。具体的には，「**公知の事実**」と「**職務上顕著な事実**」の二つがあります。

```
                        ①　公知の事実
裁判所に顕著な事実 ｛
                        ②　職務上顕著な事実
```

「公知の事実」というのは，誰もが知っている歴史的事実や大災害のこと（例えば，平成23年3月11日の東日本大震災発生など）で，証拠がなくても認定できるものです。

公には知られていなくても，裁判所が職務上知ることができた明らかな事実についても，証拠がなくても認定できます。これが「職務上顕著な事実」です。

紹介した判例の ★4 は，裁判所が職務上知り得た事実なので，「職務上顕著な事実」となります。

★速効でチェック！　「ＣＡＳＥ６」のポイント

- ① 税務訴訟では，処分の適法性判断のために検討すべき法令等が多岐にわたる。そこで「法令の規定等」「法令等の定め」「関係法令等の定め」などが判決では整理されている。ここを読むと，訴訟の全体像がわかる。

- ② 法令には，法律のほか内閣が定める施行令や各省大臣が定める施行規則も含まれる。法令の規定等には，課税庁の内部規範の「通達」が含まれる。ただし，租税法律主義（憲法84）の観点からは，法律によらない通達課税は許されない。

- ③ 判決の認定事実は，当事者から提出された証拠に基づくのが原則（弁論主義）。このため証拠がなければ事実を認定できないのが，原則となる。

- ④ 例外的に，相手方が認めている場合には証拠がなしで事実認定できる。また歴史的事実・大災害などや裁判所が職務上知り得た事実などは「裁判所に顕著な事実」として認定される。

第Ⅰ部 判決を読もう！

CASE 7

争点とはなにか？

＜判決紹介＞

■武富士事件（東京地判平19.5.23・税資257）
3　争　点
　本件贈与日において，原告が日本国内に住所を有していたか ★1。

■長崎年金事件（長崎地判平18.11.7・金判1354号60頁）
2　争点及び当事者の主張
　本件の争点は，本件年金が相続税法3条1項1号のみなし相続財産に当たる否か，所得税法上の所得に当たるか否か，所得税法9条1項15号により非課税とされるか否かという点である ★2。

■遡及立法事件（東京地判平20.2.14・判タ1301号210頁）
3　争　点
　本件の争点は，平成16年3月31日に公布され同年4月1日に施行された改正措置法31条1項後段の規定を同年1月1日以後同年3月31日までの間に行われた土地等又は建物等の譲渡について適用するものとする本件改正附則27条1項の規定が，憲法84条，30条から導かれる租税法律主義に違反するか否かであり ★3，これに対する摘示すべき当事者の主張は，別紙「争点に対する当事者の主張」記載のとおりである ★4。

◆1　「争点」の読解ポイント◆

　CASE6では「法令の規定等」と「争いのない事実等」について解説をしました。「争いのない事実」については，その反対概念をイメージすると「争いのある事実」が思い浮かぶと思います。

　もっとも，判決書のなかでは「争いのある事実」という項立てで，当事者間に争いがある事実が整理されることはありません。

　「争いのある事実」なるイメージのものについては，判決書では「争点」として整理されます。

　そしてここにいう「争点」は，①事実に関する争点に限らず，②法解釈に関する争点も含まれます。

　税務訴訟では，②法解釈に関する争いも多く，法解釈が決まれば，結論が決まる事件も散見されます。

争点 ｛ ①　事実に関する争点
　　　　②　法解釈に関する争点

　判決書で「争点」として掲げられるものは，おどろくほど少ないのです。

　このシンプルさは，結局のところ，結論に直結するもののみが，争点として選び抜かれていることに基因しています。

　CASE7では近年の税務訴訟で有名な三つの事件の第一審判決（地裁判決）を素材に，それぞれの「争点」の記載をみていきます。

◆2　「争点」の意義◆

　裁判所がその判決をするにあたって，最も重要だと考えたポイン

トを「争点」といいます。

　判決書のなかには「争点」が記載されます。判決書に「争点」が記載されるのは，裁判所が特に判断する対象を厳選するためです。当事者が行った主張のすべてについて，裁判所が判断をしなければならないわけではありません。

　理論的には，裁判所は判決主文（判決の結論）に直結する理由を「判決理由」として記載すればよいと考えられているからです。

　リップサービスとして，判決主文に直接影響のない問題点についても判決理由で論及されることがありますが，これは事件の特殊性から裁判所が「争点」の枠を超えて当事者を納得させるために記載するものであり，数は多くありません。

　裁判所はあくまで判決主文を導くために直接必要な理由についてのみ検討をすればよい，と考えられているのです。このことはシンプルでありますが，きわめて重要な考え方です。

　特に，税務訴訟では，争いの内容が，当該事件の解決を超えて，さまざまな角度から議論がなされることが多いため，判決に対する批判も多いのが現状です。

　しかし，判決は，税法の解釈をつまびらかにするために言い渡されるものではありません。

　あくまで原告から訴えがあった事項（通常は課税処分の取消し）が認められるかどうかを判断し，その当事者間の紛争を解決するために存在しています。

　もちろん，結果としてそこで示された法解釈が一般性を帯びるときには，判例として以後の事件について，法律に近いかたちで解釈の指針になることがあります。しかしそれは，あくまで付随的な機能というべきものです。税務訴訟の訴訟代理人をしていると，疑問に思う法解釈についてすべて明らかにしてもらいたいという欲求が

でてくることがあります。

しかし，事件を解決するために必要な限度で理由が示された最高裁判決であれば，それは基本的に重く受け止めなければなりません。

1　武富士事件 ★1

「本件贈与日において，原告が日本国内に住所を有していたか」は，武富士事件において最も重要な争いのポイントです。答えが"YES"であれば課税処分が適法になり，"NO"であれば課税処分が違法になるからです。

それ以外にも，例えば，①「住所」とはなにか？　②その判断基準はどう考えるのか？　などといった細かなレベルでの争いもあります。

しかし，これについて裁判所は，判決書で摘示すべき「争点」そのものではないと考えたのでしょう。

ただし，これらは重要なポイントですので，判決理由ではこれらの点についても明らかにされているのです。

2　長崎年金事件 ★2

この事件は，比較的丁寧に論点が整理されています。一文で書かれていますが，実質的には，①「本件年金が相続税法3条1項1号のみなし相続財産に当たる否か」，②「所得税法上の所得に当たるか否か」，③「所得税法9条1項15号により非課税とされるか否か」という三つの争点に分けられるからです。

所得税法の解釈・適用をする過程で問題となる点がきれいに整理されており，事件の内容が明確になる書きぶりといえます。

第Ⅰ部　判決を読もう！

◆3　争点と当事者の主張～遡及立法事件の書きぶり◆

1　争　点 ★3

　争点は遡って適用される改正附則が「憲法84条，30条から導かれる租税法律主義に違反するか否か」ですが，争点のなかで改正附則についての説明も書かれているため，比較的長めの摘示になっています。初めて事件をみる人にも問題点がすぐにつかめる書きぶりになっています。

2　当事者の主張 ★4

　判決書では，争点に続き「争点に対する当事者の主張」が記載されます。

　両者については，二つに分けて記載する例（武富士事件・長崎年金事件）も多いのですが，遡及立法事件のように「争点」★3 と「当事者の主張」★4 が一つの文章のなかで記載される場合もあります。

★速効でチェック！　「ＣＡＳＥ７」のポイント

☐ ①　税務訴訟の争点には，①事実に関するものと，②法解釈に関するもの，の二つがある。

☐ ②　争点は，裁判所が判決をするにあたって最も重要だと考えたポイントのこと。

☐ ③　特に，税務訴訟では，争いの内容が当該事件の解決を超えて，さまざまな角度から議論がなされることが多い。しかし，判決は税法解釈をつまびらかにするためものではなく，本来は当事者の紛争解決のためにある。

CASE 8

当事者の主張

＜判決紹介＞
■武富士事件（東京地判平19.5.23・税資257）
4　争点に関する当事者の主張 ★1
（被告の主張）
(1)　贈与税の納税義務に関する住所の認定基準（以下，略）

■遡及立法事件（東京地判平20.2.14・判タ1301号210頁）
3　争　点
　本件の争点は……であり，これに対する摘示すべき当事者の主張は，別紙「争点に対する当事者の主張」記載のとおりである ★2 。

■レポ取引事件（東京地判平19.4.17・判時1986号23頁）
3　争　点
（争点に対する摘示すべき当事者の主張は，別紙「争点に対する当事者の主張」記載のとおりである。）★3

◆1　「当事者の主張」の読解ポイント◆

　ＣＡＳＥ7では「争点」について，武富士事件，長崎年金事件，遡及立法事件の第一審判決を例に挙げながら解説しました。
　判決書の「争点」の後に記載されるのは，争点に関する「**当事者**

の主張」であり，当事者は，訴えを提起した「**原告**」と，訴えを提起された「**被告**」とに分かれます。

前者は納税者であり，後者は国です（ただし，地方税に関する税務訴訟の場合には地方公共団体になります）。

紹介した三事件のように，税務訴訟では，裁判所によって結論が異なることも多くあります。

よく議論されるのは，判決についての正当性に加えて，その事件を担当した代理人（本人訴訟の場合は本人）の主張の当否です。

特に遡及立法事件のように，下級審で納税者勝訴だったにもかかわらず，最高裁で納税者敗訴の判決が確定した場合などには，当事者（納税者）の主張の組立て方がよくなかったのではないか，という議論がされることがあります。こうした議論が良いか悪いかについては言及しませんが，判決書の読み方をマスターしてから考えても遅くはないでしょう。そこでＣＡＳＥ８では，判決書の「当事者の主張」について考えていきます。

◆2 「当事者の主張」の捉え方◆

1 当事者

そもそも当事者というのは，民事訴訟法では，「訴え又は訴えを提起されることによって判決の名宛人となる者をいう」，とされています。前者が原告であり，後者が被告となります。

税務訴訟は，処分の取消しを求める訴えが多く，行政事件訴訟法が適用されますが，特に定めがない限り民事訴訟法の適用も受けることになります。

税務訴訟（**行政訴訟**）も広い意味での**民事訴訟**の一つであり，判決書の記載という意味では，「民事訴訟における判決の書き方」に

妥当することになるからです。

2 民事判決起案の手引

法曹三者（裁判官・検察官・弁護士）を育成する司法研修所のテキストをひもとくと、民事判決の記載方法については、次のような解説があります。

> ① 「裁判所は、当事者が口頭弁論で陳述した事実主張を基礎に判決するのであるから、判決書の事実摘示には当事者の主張が正確に記載されなければならない。」
> ② 「当事者の主張したことを落としたり、主張しないことを主張したものとして記載するようなことがあってはならない。」
> ③ 「主張は黙示的にもされることがあるから、主張がされているかどうかは陳述全体の趣旨から客観的に判断しなければならない。」

いずれも、裁判官が判決起案をするにあたり注意すべき事項です（司法研修所「10訂民事判決起案の手引」42〜43頁）。

3 当事者の主張

上記手引の記載から、判決書における「当事者の主張」の記載の意味がわかります。すなわち、「当事者の主張」は、明示のみならず黙示のものも含め、訴訟のなかで主張された事実を具体的に整理して記載されるものであり、そのようになされているはずのものです。

税務訴訟の判決をみると、記載方法については、大きく分けて、①判決書のなかで記載されるタイプのものと、②当事者の主張をまとめた書面をあとに添付するタイプのものの二つのパターンがありますが、「当事者の主張」が整理されていないものはありません。

もっとも，通常の民事訴訟と異なり，税務訴訟では，事実の争いに限らず，法解釈の争いについても主張がぶつけられます。

　原告代理人によっては100頁以上の書面を毎回出す者もいます。この点まで踏み込んで記載すると，判決書が当事者の主張で膨大になってしまいます。そこで実際には，「当事者の主張」も相当程度そぎ落とされて，要約されている，というのが実情です。

　もっとも，最近では弁論終結（結審）後に，裁判所から「準備書面等のデータをもらいたい」というお願いがあり，訴状・準備書面といった主張書面すべてのデータを裁判所に渡すことが求められることも多いのです（ＣＡＳＥ１参照）。

　こういう場合には，当事者の主張欄がかなり長くなっているのですが，それは，原告・被告双方から主張書面のデータを裁判所が入手しているため，端的にいえばコピー＆ペーストをしているものです（もちろん全部ではなく取捨選択をするなどの加工もされているでしょうが，基本的には，データを使って大量の主張をそのまま判決文に反映させるという，現代的な手法がとられています）。

◆3　個別事案の検討◆

■ 武富士事件 ★1

　武富士事件（第一審判決）の「当事者の主張」の記載方法は，オーソドックスなものです。判決書のなかで，当事者の主張が記載されるタイプのもので，現在は，この方法が最も多いと思われます。

■ 遡及立法事件 ★2

　これに対して，遡及立法事件（第一審判決）のように，別紙のかたちにして，「当事者の主張」をまとめた書面をあとに添付するタイプのものもあります。このパターンは，先に述べた主張書面の

データを裁判所に提出するよう求められた場合に多いのです。

3 レポ取引事件 ★3

レポ取引事件（第一審判決）も，別紙で「当事者の主張」をまとめるタイプになっています。この別紙タイプは，新しいタイプのものであり，まだ主流というほどにはなっていませんが，税務訴訟のように当事者の主張が多く，短く要約することが困難な場合などに，このタイプがとられているように思います。

◆4　判決を読んだだけでは，わからない！◆

以上からいえることは，当事者の主張はあくまで裁判官が作成した「要約書面」に過ぎないということです。

上告審では最高裁判決に「上告受理申立て理由書」がそのまま添付されるため，少なくとも上告をした当事者の最高裁での主張は全部読むことができます。

しかし，控訴審までの主張はわかりません。

以上から，わたしは，判決書に記載されている「当事者の主張」だけを読んで，主張が足りない，組立てがおかしいという議論は適切でないと思います。

主張をしていたのに，裁判所が判決に記載していないということもよくあるからです。**徹底して判決を分析したい場合は，裁判所に閲覧に行き，全記録を読むことです。**こうした作業を通じて，初めて本当の「当事者の主張」がわかってくる，ということも一歩進んだかたちとして覚えておいてください。

第Ⅰ部　判決を読もう！

> ★**速効でチェック！**　「ＣＡＳＥ８」のポイント
>
> □　①　当事者とは，訴え又は訴えを提起されることによって判決の名宛人となる者をいう。前者が原告，後者が被告となる。
>
> □　②　判決書における「当事者の主張」は，明示のみならず黙示のものも含め，訴訟のなかで主張された事実を具体的に整理して記載される。
>
> □　③　税務訴訟判決の記載方法では，大きく分けて，①判決書のなかで記載されるタイプのものと，②当事者の主張をまとめた書面をあとに添付するタイプのものの二つのパターンがある。

CASE 9

裁判所の判断

＜判決紹介＞
■武富士事件（東京地判平19.5.23・税資257）
第3　争点に対する判断
1　認定事実 ★1

前記第2の1の事実，後掲各証拠及び弁論の全趣旨によれば，以下の事実が認められる。

2　検討 ★2
(1)　住所について

■長崎年金事件（長崎地判平18.11.7・金判1354号60頁）
第3　当裁判所の判断 ★3。

■レポ取引事件（東京地判平19.4.17・判時1986号23頁）
第3　当裁判所の判断 ★4
1　争点①（本件各レポ差額が所得税法161条6号の「貸付金（略）」の「利子」に該当するか否か。）について

◆1　「裁判所の判断」は最重要ポイント◆

CASE 8では「当事者の主張」について，①武富士事件，②遡及立法事件，③レポ取引事件の第一審判決を例に挙げながら解説を

しました。判決書のなかで「争点」のあとに記載されるのが，「当事者の主張」でした。その次に記載されるのが「裁判所の判断」です（「**当裁判所の判断**」と記載されることが一般で，「**争点に対する判断**」と記載されることもありますが，本稿では「**裁判所の判断**」といいます）。

「裁判所の判断」は，判決書で最も重要な部分です。なぜなら，「裁判所の判断」とは「判決主文」の理由のことだからです。

なぜ，その裁判所は，そのような結論を採用したのか。これは，判決文を読む人が，最も知りたい部分です。それが「裁判所の判断」の部分に書かれているので，読み手の関心が最も集中する部分です。

CASE9は，この「裁判所の判断」について上記三つの事件（いずれも第一審判決）を素材にしながら，その読み方を解説します。

◆2　「裁判所の判断」の勘どころ◆

1　裁判官の思考プロセス

裁判所が判決を書くメカニズムは，ぜひとも知っておいていただきたいポイントです。すべての判決は，このメカニズムに基づいています。それは，「**法的三段論法**」と呼ばれるものです。

これは裁判官が常に行っている「思考プロセス」です。この点に重要性があります。税務訴訟の代理人も補佐人も，裁判官の思考プロセスを考えながら，主張・立証をしなければならないからです。

「こうあるべきだ」という主義・主張を，いくら書面に書き連ねても，「法的三段論法」にのってこない議論であれば，裁判官から相手にされることはありません。

2　「立法論」がダメな理由

特に税務訴訟でありがちな事例としては，「それは立法論である」

と判決理由で指摘されることです。

そもそも「**立法論**」は、国民が選挙で選んだ国会議員が、審議をして、国会で可決し制定すべき「法律の内容」の議論です。つまり、「それは法律をつくるときに考えるべき内容ですね」ということです。それは、裁判所が判断すべきことではない、のです。

なぜ、「立法論」といわれてしまうのでしょうか。

それは「法解釈」の限界を超えた主張をするからです。裁判所はあくまで、現行法（当該処分時の法）に基づいて、その処分が適法か違法かを判断します。突きつめれば、ただそれだけです。

> 立法論（法解釈の枠の外にある議論）……判断できない
>
> 解釈論（法解釈の枠の内にある議論）……判断できる

3 法的三段論法

では「**法的三段論法**」とは何でしょうか？

「大前提」に「小前提」をあてはめて結論を導く、そのプロセスのことです。

「大前提」は「**法解釈**」の結果を指します。そして、「小前提」は「**事実認定**」の結果を指すのです。「法解釈」は、処分時の法律からどのような意味が読み取れるかを「論理則」を用いて解釈することです。法規（条文）を解釈して、法規範（単に「規範」ともいう）を定立する作業ということもできます。

これに対して「事実認定」は、当事者から提出された証拠に「経験則」をあてはめて、事実を認定することです。

第Ⅰ部　判決を読もう！

＜法的三段論法の考え方＞

> （大前提）法規（条文）を解釈し法規範を定立する（＝法解釈）
>   ↓
> （小前提）証拠に経験則を適用し事実を認定する（＝事実認定）
>   ↓
> （結　論）

「法解釈」をすべきなのに，立法論を主張すれば相手にされない。これは当然ですが，「法解釈」と「事実認定」という二つのレベルに沿わない主張をすれば，やはり相手にされないでしょう。

判決書を読むときにも，どこまでが「法解釈」であり，どこからが「事実認定」なのかをハッキリと意識する必要があるのです。

結論を出す際には，「大前提」（法解釈によって導かれた法規範）に「小前提」（事実認定によって認定された事実）を「あてはめる」という作業が行われます。**このレベルにも意識ができるようになれば，判決は，おどろくほど，すらすら読めるようになるはずです。**

どのレベルの話なのか，という「ブロック感覚」で読めるようになるからです。「ここは法解釈で，ここはあてはめだ。ここは事実認定だね」という具合に，です。

◆3　「法解釈」と「事実認定」◆

1　武富士事件 ★1，★2

武富士事件では，「住所」の判定基準が争点になりました。これは「法解釈」にあたります。

しかし，解釈した法規範にあてはめる「事実」についても詳細な認定が必要な事件でもありました。そこで，同事件では，裁判所の

判断のなかで,「認定事実」★1 と,「検討」★2 の二つに分けて検討を行っています。「認定事実」は「事実認定」のレベルであり,「検討」は法解釈とあてはめのレベルです。

2　長崎年金事件 ★3

長崎年金事件は, 年金特約付きの生命保険について, 相続時に年金受給権に相続税が課され, さらに年金受領時に所得税 (雑所得) が課されることが「二重課税」にあたるかが争われました。

当時, 所得税法9条1項15号に該当すれば, 所得税については非課税になるからです (現行法では16号)。

これは「法解釈」に関わることです。非課税を定めた9条1項15号をどのように捉えるか, どのように判断するか, という法の解釈問題であるからです。

さらに, 法解釈の結果示される法規範 (大前提) に, 年金特約付き生命保険による年金の受領という事実 (小前提) をあてはめるといった作業が必要になりました。

ただし, 事実に大きな争いがあるわけではなかったため, 裁判所の判断では「法解釈」と「あてはめ」がメインになっています。

3　レポ取引事件 ★4

レポ取引事件は, レポ取引によって生じる経済的利益が, ①「貸付金 (これに準ずるものを含む。)」の②「利子」(所法161六) に該当するか否かが, 争いになりました。

ともに「法解釈」が問題になります。同時に「あてはめ」も問題になるのです。争点が二つあるため, 二つの争点ごとに検討がなされています。

第Ⅰ部　判決を読もう！

> ★**速効でチェック！**　「ＣＡＳＥ９」のポイント
>
> □　①　判決書のなかで争点のあとに記載されるのが，「当事者の主張」。その次に記載されるのが，「裁判所の判断」。これは「当裁判所の判断」と記載されるのが一般的である。
>
> □　②　裁判所の判断は，判決主文の理由であり，判決書で最も重要な部分となる。
>
> □　③　裁判所は「法的三段論法」に基づいてすべての判決をくだす。それは「大前提」（法解釈）に「小前提」（事実認定）をあてはめて結論を導くプロセス。その範囲を超える「立法論」を主張すれば相手にされないので，注意が必要。

CASE 10

言い回しでみる判決理由の読み方

＜判決紹介＞
■武富士事件（東京地判平19.5.23・税資257号）

　法令において人の住所につき法律上の効果を規定している場合，反対の解釈をすべき特段の事由のない限り，住所とは，各人の生活の本拠を指すものと解するのが相当であり ★1 （最高裁昭和29年10月20日判決参照 ★2 ），生活の本拠とは，その者の生活に最も関係の深い一般的生活，全生活の中心を指すものである（最高裁判所第三小法廷昭和35年3月22日・民集14巻4号551頁参照 ★3 ）。そして，一定の場所がある者の住所であるか否かは，租税法が多数人を相手方として課税を行う関係上，客観的な表象に着目して画一的に規律せざるを得ないところからして ★4 ，一般的には，住居，職業，国内において生計を一にする配偶者その他の親族を有するか否か，資産の所在等の客観的事実に基づき，総合的に判定するのが相当である ★5 。これに対し，主観的な居住意思は，（略）補充的な考慮要素にとどまるものと解される ★6 。

　被告は，相続税の性質や課税体系の点から，外国における勤務等が終わった後に日本に帰る予定である者の住所は日本にあるものとすべきであると解しうる見解を紹介している ★7 。しかしながら，（略）通達1・1の2共－6にも反するものであって，上記見解は採用し難い ★8 。

67

第Ⅰ部　判決を読もう！

◆1　裁判所の判断の「言い回し」◆

　ＣＡＳＥ９は「裁判所の判断」について，武富士事件，長崎年金事件，レポ取引事件の第一審判決などを例に挙げながら解説しました。繰り返しになりますが，「裁判所の判断」は，判決書で最も重要な部分です。

　そこで，ＣＡＳＥ10では，上記事件のうち，武富士事件の第一審判決にしぼり，「裁判所の判断」の読み方についてさらに詳しく解説していきます。「判決理由」にあたる「裁判所の判断」については，当該判決を起案した裁判官の書きぶりによります。

　基本的にはフリーハンドが認められています。書き方について厳格な「言い回し」のルールがあるわけではありません。

　しかし，全く決まりがないわけでもありません。個々の裁判官の個性によるところがあるとしても，そこにつづられている「言い回し」から意味を読み取ることができるようになっています。

　以下では，引用した判決のなかの，どの「言い回し」から，どのように「裁判所の判断」を読み取ることができるかについて，詳細にみていきます。

◆2　法　解　釈◆

　裁判所の判断（判決理由）は「法的三段論法」によって組み立てられるということは，ＣＡＳＥ９で解説しました。

　「大前提」に「小前提」をあてはめ，「大前提」は法解釈で，「小前提」は事実認定でしたね。

　紹介した武富士事件第一審判決の引用部分は，いずれも，このうち大前提，つまり「法解釈」について判示されたものです。

★1では,「住所とは,各人の生活の本拠を指すものと解するのが相当であり」と判示されています。ここで,「住所」の意義が「生活の本拠」であることが示されているのです。

この事件で問題となった相続税法の条文には,「住所」概念を定義した規定は存在していません(かつ,処分当時においては,特段の手当てもなされていませんでした)。そこで,法解釈が必要になります。

下線を引いた「と解するのが相当であり」という言い回しは,その裁判所が法を解釈した帰結であることを意味しています。

◆3 最高裁判決の参照◆

1 最高裁昭和29年10月20日判決 ★2

★1で判示された「住所」概念については,裁判所が示した法解釈の帰結のあとに,かっこ書きで「最高裁判例」が摘示されています。★2の「最高裁昭和29年10月20日判決参照」という部分です。

最高裁大法廷昭和29年10月20日判決・民集8巻10号1907頁では,法令上「住所」とは「生活の本拠」であることが判示されています。

もっとも,この最高裁判決では,公職選挙法の規定にいう「住所」の意義が問題とされており,本件のように相続税法上の「住所」について問題とされた事案ではありません。

そこで「法令上の住所」概念という意味では同じですが,全く同じ法律の概念を判示したものではないので「参照」という二文字が最後に入っています。このように,判決のなかで「参照」という文字がある場合は,直接そのままその判例があてはまる事案ではないものの,おおむね考え方として参考にすることができる,という意味だと考えれば,わかりやすいと思います。

第Ⅰ部　判決を読もう！

2　最高裁第三小法廷昭和35年3月22日判決 ★3

★3では，さらに「生活の本拠」とは何を意味するかが判示されています。この部分でも，最高裁判決の参照がかっこ書となっています。この事件も，公職選挙法上の「住所」概念が問題になったものなので，本件のような相続税法における「住所」が問題とされた事案ではないため，「参照」となっています。

◆4　判断枠組み◆

★4では，以上の「住所」概念を踏まえて，具体的な事案における「**判断基準**」が判示されています。

判断基準というのは，①どのような要素を考慮しながら，②どのような観点から，③その有無を判定するかの物差しのことで，「**判断枠組み**」と呼ばれることが多くあります（ほかには，単に「基準」，「判定基準」「規範」といわれることもあり，体系書などでは「メルクマール」と呼ばれることもあります。いずれも基本的には同じ意味だと考えてOKです）。こうした基準は，抽象的な要件になっています。それは，一般性を持つことでさまざまな事例に適用できる枠組みをつくる必要があるからです。

したがって，**基準が登場した場合は，そのあとに必ず当該事案における具体的な「あてはめ」という作業が必要になります。**

この区分けは，法学の基礎の部分ですが，法科大学院生でも習得できずにいる学生も少なくないとても重要な視点です。

判決を読む場合（リーディング）にも重要ですが，法律文章を書く場合（ライティング）の際にも，抽象的な規範（判断基準）と，具体的な事例のあてはめとは分けて論述する必要があります（**規範とあてはめの峻別**）。

70

> 判断基準（抽象的・一般性がある）──▶ 規範部分
>
> あてはめ（具体的・個別性がある）──▶ あてはめ部分

1 理　由 ★4

★4 では，★5 で判示される「判断枠組み」を使う「理由（根拠）」が示されています。「租税法が多数人を相手方として課税を行う関係上，客観的な表象に着目して画一的に規律せざるを得ないところからして」とありますが，この「からして」というのは，まさに「理由（根拠）」をあらわす言い回しなのです。

2 判断枠組み ★5

「総合的に判定するのが相当である」という言い回しから「判断枠組み」を「法解釈として」判示していることがわかります。

「住所」の意義と同様に，相続税法には，その判定方法についても規定はありません。そこで，ここでも法解釈を経て，★5 の「判断枠組み」が示されています。

いくつかの判断要素が列挙されているが，重要なポイントは「客観的事実に基づ」くことと「総合」考慮で判断することといえます。

◆5　法解釈の帰結◆

★6 は，「解される」とあり，これも法解釈の帰結を意味しています。★5 で「客観的事実」によると判示したため，対極にある「主観的……意思」の位置づけに言及しています。

第Ⅰ部　判決を読もう！

◆6　反対説の捉え方◆

1　反対説の摘示 ★7

★7では，裁判所が採用しなかった見解（反対説）を摘示しています。ここでは，敗訴した国側の主張です。

2　反対説の不採用 ★8

「上記見解は採用し難い」として，被告の主張する法解釈を採用できないことが，理由とともに判示されています。

★速効でチェック！　「ＣＡＳＥ10」のポイント

- □　①　裁判所の判断には，当該判決を起案した裁判官の書きぶりによるが，いくつかの言い回しのパターンがある。

- □　②　例えば，「と解するのが相当」とは，裁判所が法を解釈した帰結であることを意味する。また，「参照」は，直接そのままその判例があてはまる事案ではないものの考え方として参考にすることができるという意味。

- □　③　判決のなかで示される判断基準は（「判断枠組み」）は，①どのような要素を考慮しながら，②どのような観点から，③その有無を判定するかの物差しのこと。一般性を担保し，汎用性を持たせるために抽象的な要件になっている。基準登場後には必ず当該事案での具体的「あてはめ」が必要になる。

～ちょっと，ひと休み～
◇◆判決を読む際の注意点◆◇

　ちょっとコーヒーブレイクをしましょう。コーヒーが苦手ならお茶でも紅茶でもほうじ茶でも，ココアやミルクでもいかがでしょう。

　さて，判決文を読むというのは，実はしんどい作業です。最高裁判決であれば，比較的短い文章でまとめられたものが多いです。それでも，補足意見など個別の意見が複数ある場合（例えば，武富士事件）には，ある程度の分量になります。これが最初に事実認定から丁寧に行い，法解釈についても慎重な議論が示される地裁判決（第一審判決）などになると，当事者の主張も含め，相当な分量になります（当事者の主張も含めると，最近の税務訴訟判決では，第一審判決が100頁を超える判決も珍しくはありません）。

　このように長文であり，読むことがしんどいと思われるはずの判決文を，弁護士は，必要に応じて，手際よく調べてきて，ごくふつうに読みこんで，事案の概要をつかみ，判決の要旨を押さえます。その判決に対する評価や評釈も，一定のスピードで読み取ります。

　そして，それらを複数読みこんだ結果を，依頼者の方にかいつまんで説明するのは，弁護士にとっての日常業務です。

　判例を読み，その要旨を伝えるのは，自分の商売道具をささっと他人に披露することに近いかもしれません。

　「なぜそんな芸当ができるのか」と判決文に読みなれていない方は思うでしょう。それは，ものすごい数のトレーニングを積んでいるからなのです。司法試験でも司法研修所でも，大量の判決文を読み，瞬時（短時間）にそれを理解し，解答する能力が常時求められ続ける。その結果として，弁護士になっているのですから。

第Ⅰ部　判決を読もう！

　不慣れな方は，とにかく多くの判例を読んでみてください。そして，その内容にじかに触れていくことがまずは大事です。

第Ⅱ部

最高裁判決も読んでみよう！

第Ⅱ部　最高裁判決も読んでみよう！

CASE11

最高裁判決の読み方①
～規範部分を探そう！

<判決紹介>
■養老保険事件（最（二小）判平24.1.13・民集66巻1号1頁）
　一時所得に係る支出が所得税法34条2項にいう「その収入を得るために支出した金額」に該当するためには，それが当該収入を得た個人において自ら負担して支出したものといえる場合でなければならないと解するのが相当である ★1。

■武富士事件（最（二小）判平23.2.18・判夕1345号115頁）
　法1条の2……にいう住所とは，……生活の本拠，すなわち，その者の生活に最も関係の深い一般的生活，全生活の中心を指すものであり，一定の場所がある者の住所であるか否かは，客観的に生活の本拠たる実体を具備しているか否かにより決すべきものと解するのが相当である（以下略）★2。

■長崎年金事件（最（三小）判平22.7.6・民集64巻5号1277頁）
所得税法9条1項(15)号の趣旨は，相続税又は贈与税の課税対象となる経済的価値に対しては所得税を課さないこととして，同一の経済的価値に対する相続税又は贈与税と所得税との二重課税を排除したものであると解される ★3。　　　（注）かっこ書は筆者が記載。

76

◆1　最高裁判決「規範部分」の意義◆

　第Ⅰ部（CASE1～CASE10）までは，武富士事件，長崎年金事件，レポ取引事件といった近年の著名事件の第一審判決を素材に，判決書の基本的な読み方について解説をしてきました。

　判決の基本的な読み方をマスターするためには，まずは第一審判決を読み込む力を身につけることが重要です。

　当事者の主張から，法解釈，事実認定にいたるまで詳細な記述があるのが，第一審判決だからです。

　税務訴訟の第一審判決は，数十頁にわたるのが通常ですし，100頁を超えるものもあります（最近では，話題を呼んだ日本IBM事件（東京地判平26.5.9・公刊物未登載）などは，400頁を超える異例のボリュームでしたが，実際には別紙のボリュームが多く，本体そのものは24頁で終わっています）。

　これに対して，控訴審判決は，原判決（第一審判決）の結論を維持する場合には，引用ばかりで数ページで終わるものもあります。

　原判決を逆転させる場合でも，第一審判決ほどのボリュームはないものがほとんどです。事実関係など第一審判決と共通部分については，引用の形式をとるからです。

　最高裁判決では，さらにシンプルになります。必要最小限の分量で「事案の概要」と「理由」が記載される程度で，10頁程度におさまるものも多くあります（ただし，憲法問題や大法廷判決などになると数十頁に及ぶものもありますが，税務訴訟判決は憲法問題で大法廷までということはほとんどなく，シンプルなものが多いのです）。

　最高裁が扱う上告審は「**法律審**」と呼ばれていて，法解釈を行う裁判所とされているからです。しかも，それが終局判断となります（それ以上に不服申立てをすることはできないため「**確定**」します）。そ

して，その多くの最高裁判決の**規範部分**が判・例・になっていくのです。

```
最高裁（上告審）　法律審（法解釈のみ）

高　裁（控訴審） ┐
                 ├ 事実審（法解釈＋事実認定）
地　裁（第一審） ┘
```

そこで，CASE11では，最高裁判決の読み方として，①判例になる「規範部分」とは何なのか，②範囲はどこまでなのか，についてを解説していきます。

◆2　判例の規範部分◆

1 「判例」の意味

判例という言葉には複数の意味があります。

狭い意味で（本当の意味で）「判例」というときは，①最高裁判決で示された，②判決主文を導くために必要な規範部分（レイシオ・デシデンダイ）を意味すると解されています。

```
                ┌ ①　最高裁判決
                │  （高裁判決・地裁判決は×）
狭い意味の「判例」┤
                │ ②　主論（レイシオ・デシデンダイ）部分
                └  （傍論は×）
```

①は，最高裁判決でなければならない（**下級審判決，つまり，高裁判決，地裁判決は含まれない**）ということに意味があります。

また②は，最高裁判決のなかでも，さらに判決主文を導くために必要な規範部分でなければならない（そうではない**傍論（オビタ・ディクタム）は含まない**）ということを意味します。

ここで重要なこと（「判例」の意義を明らかにする意味）は，下級審（高裁，地裁）がどこまで，事実上，判例に拘束されるかという議論につながっていることです。日本は成文法の国であり，英米法（アメリカ・イギリス法）のような判例法の国でありません。したがって，判例は「法律」ではなく，法的な拘束力はありません。

しかし，事実上の拘束力は下級裁判所に及ぶことになり，その範囲を画するのが「判例」の定義（①＋②）です。

2 「判例」を理解する意義

といっても，裁判所が判決を書く際に考えるべきことなので，裁判官以外の実務家にはそれほど関係がないと思うかもしれません。

しかし，それは違います。

なぜなら，弁護士でも税理士でも，租税の実務に携わる者（特に納税者の権利救済を図るために，代わりに主張を行う実務家）にとって，**ジャッジする側がどのように判例を捉えているかを探索することは，依頼者（納税者）にどのような判断がもたらされるかを推測し，それを主張に活かすために，きわめて重要になる**からです。

3 規範部分

CASE9で解説しましたが，裁判所は「法解釈」と「事実認定」を駆使して結論をだします（法的三段論法）。なかでも，租税法の法文をどのように解釈し，当該事実関係をどのようにあてはめるかは結論に大きな影響を与えます。ここで使われる判断枠組み（当該条文に該当するかを判定する基準のようなもの）が，最高裁で示さ

れます。これが「**判例の規範部分**」です。判例の規範部分は，上記三事件でみると，★1〜★3で引用した部分があたると考えられます。

ポイントは，「一般的抽象的な規範」になっていることです。個別具体的な結論ではない点が重要です。他の事案でも，大きな枠組みとしては機能しうることが前提になるからです。

(1) **養老保険事件**

養老保険事件の★1では，一時所得から控除できる支出金額が，当該所得を得た納税者の負担に限られることが示されています。

一般的抽象的な基準になっているため，養老保険に限らず，他の事案でも，同様の事例であれば妥当しうる規範といえます。

(2) **武富士事件**

武富士事件の★2では，相続税法にいう「住所」の意義及びその判定基準が示されています。特段の定義規定が条文にない「住所」という文言の意味を解釈する際に，一般的に参考になる規範といえます。したがって，この部分も同様に，一般的抽象的な規範部分ということができます。

(3) **長崎年金事件**

長崎年金事件の★3では，所得税法9条1項15号（現行法では16号）が，相続により取得したものを非課税としている趣旨を「経済的価値に対する二重課税の排除」であることを明らかにしています。

これは，年金に限らず，相続と所得課税の双方が行われうるもの一般に妥当する規範といえます。

> ★速効でチェック！　「CASE11」のポイント
>
> - ① 最高裁判決は「事案の概要」と「理由」が記載される程度で，10頁程度におさめられてるものが多い。
> - ② その理由は，最高裁が扱う上告審は「法律審」と呼ばれている。その最高裁判決の主文を導くために必要な「規範部分」が「判例」となっていく。日本では，判例に法的な拘束力はないが，事実上の拘束力は下級裁判所に及ぶ。

CASE12

最高裁判決の読み方②
～原審の判断について

＜判決紹介＞
■養老保険事件（最（二小）判平24.1.13・民集66巻1号1頁）

　原審は，所得税法34条2項の文言だけからは，同項にいう「その収入を得るために支出した金額」として控除できるのが所得者本人が負担した金額に限られるか否かは明らかでなく，所得税法施行令183条2項2号本文が保険料又は掛金の総額を控除できるものと定め，所得税基本通達34－4が同号に規定する保険料又は掛金の総額には一時金の支払を受ける者以外の者が負担した保険料又は掛金の額も含まれるとしていることからすると，本件保険料経理部分も「その収入を得るために支出した金額」に当たり，一時所得の金額の計算上控除できるとして，被上告人らの請求を全て認容すべきものとした（略）★1。

　しかしながら，原審の上記判断は是認することができない。その理由は，次のとおりである★2。

■長崎年金事件（最（三小）判平22.7.6・民集64巻5号1277頁）

　原審は，上記事実関係の下において，次のとおり判示し，本件処分は適法であると判断して，上告人の請求を棄却すべきものとした。
　（…略…）本件年金は，本件年金受給権に基づいて発生する支分権に基づいて上告人が受け取った現金であり，本件年金受給権とは法的に異なるものであるから，上記の「保険金」に当たらず，所得

税法9条1項15号所定の非課税所得に当たらない ★3。

■武富士事件（最（二小）判平23.2.18・判タ1345号115頁）
　原審は，上記事実関係等の下において，次のとおり判断して，上告人の請求を棄却すべきものとした ★4。

◆１　原審の判断◆

　ＣＡＳＥ11から最高裁判決の読み方の解説を開始しました。
　これまで扱ってきた近時の著名最高裁判例である養老保険事件，武富士事件，長崎年金事件の三事件に焦点をあて，前回は「規範の読み方」について解説をしました。
　規範の読み方は，その最高裁判例だけの意味を知ることにとどまるものではありません。
　なぜかというと，今後類似の事件でどのような法解釈ないしあてはめをすべきかを探求する手がかりになるものだからです。
　その意味では，規範の読み方をマスターすることは，租税実務家にとっては必須といってもよいでしょう。
　もし，現時点で規範を読み取る技術がないとしても，心配は無用です。本書を読むことで，その技術を身につければ，租税法を「法的にみて，具体的な事例にあてはめる力」が格段にアップするはずです。
　ＣＡＳＥ12では，判例を読み解くうえでより基本的な力となる最高裁判決に書かれた「**原審の判断**」の読み方について解説します。
　この部分で，うっかり読み方を間違えてしまうと，「原審の判断」を最高裁判決の判断と誤読してしまう危険があります。
　それを避けるためには，最高裁の逆転判決（原審の判断を覆す判

83

断をする場合）には，必ず「原審の判断」が記載され，それが誤りである，というかたちで，最高裁が判断に入る手法（書き方）がとられていることを知る必要があります。

今回のテーマは，それほど難しい話ではありません。

ただ，最高裁判決のパーツのなかに「原審の判断」があることを知っていただく，そのうえで最高裁判決を読むくせをつける，ということに意味があります。

◆2　最高裁判決の種類◆

1　上告手続

最高裁判決にはさまざまな種類があります。

最高裁の判断が行われるためには，前提として原審（控訴審）の判断に不服がある（敗訴した）側の当事者による「**上告手続**」が大前提となります。

(1) 上　　告

上告手続には二つあり，憲法違反を主張する場合には「**上告**」することができますが，残念ながら「一票の価値」をめぐる選挙の訴訟のように憲法の原則との関係が正面から争われる訴訟でない限り，この上告が取り上げられることはほとんどありません。

特に税務訴訟においては憲法違反を主張する「上告」について判決が言い渡されることは，近年はほとんどなく，過去の判決でも，憲法違反を主張した上告はみな棄却されています。

しかも，上告された税務訴訟のほとんどは決定で処理されているため，判決の言渡しすらありません。

(2) 上告受理申立て

いま一つが，税務訴訟ではポピュラーな「**上告受理申立て**」です。

上告受理申立ては,原審の判断に,(a)法令の解釈に関する重要な誤り,あるいは(b)最高裁判例(ない場合には高裁判決)に違反するものがある場合に行うことができるものです。

(a)または(b)があると最高裁が判断して初めて,上告審として受理されます。

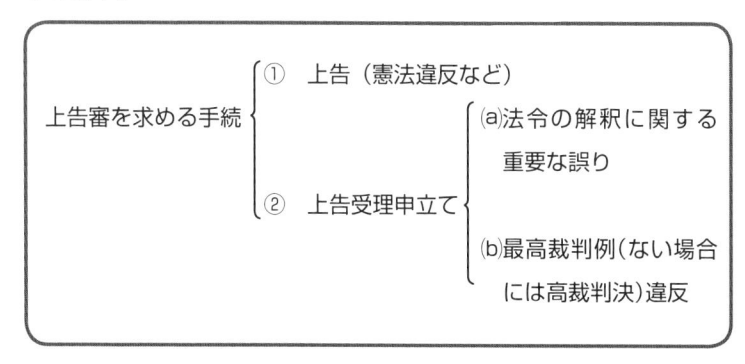

```
                  ┌ ① 上告(憲法違反など)
                  │
上告審を求める手続 ┤              ┌ (a)法令の解釈に関する
                  │              │    重要な誤り
                  │ ② 上告受理申立て
                  │              │
                  └              └ (b)最高裁判例(ない場合
                                     には高裁判決)違反
```

① 不受理決定

上告審として受理されない場合は,不受理決定で終わります(判決ではないため言渡しはないですし,理由も受理申立ての要件を満たしていないという定型文が書かれるだけで,その事件の判断は一切書かれません)。

② 受理決定

これに対して,上記(a)または(b)があると判断されると,上告審として受理する旨の決定がなされます。これで初めて,上告受理申立てをした人(**申立人**)は「**上告人**」という立場に移行し,最高裁での判決をもらうことができます。

上告受理申立ては,こういう仕組みです。ただ,最高裁が憲法違反(上告)以外の不服申立てについては,裁量で受理するかしないかを決められます(**裁量上告制**)。

そこでこれを問題視をする専門家もいます(筆者も最高裁で判断

されるべきと考えた事件が不受理決定で終わってしまい，忸怩たる思いをした経験が少なからずあります）。

2 **上告受理申立てを経た最高裁判決**

上記三事件は，いずれもこうした上告受理申立てを経て，上告審として受理されたうえで判断がなされたものです。

上告審での判決（最高裁判決）は，上告人の主張を認めない「**棄却判決**」（養老保険事件）と，これを認める「**認容判決**」（武富士事件，長崎年金事件）があります。

◆3 原審の判断◆

また上記三事件はいずれも，原審（控訴審）の判断を覆した判決です。そこで，★1，★3，★4のように，まず原審の判断が記載されています（武富士事件については判断の内容が長いため省略）。

そのうえで，「しかしながら，原審の上記判断は是認することができない★2」として，最高裁の判断（理由）が記載されます。

★**速効でチェック！** 「ＣＡＳＥ12」のポイント

- ① 規範の読み方は，その最高裁判例だけの意味を知ることにとどまるものではなく，類似事件での法解釈やあてはめを探求する手がかりになる。

- ② 最高裁の判断が行われるためには，前提として原審（控訴審）の判断に不服がある（敗訴した）側の当事者による「上告手続」が大前提となる。

- ③ 上告手続には二つあり，一つが憲法違反を主張する上告。もう一つが上告受理申立て。上告受理申立ては，原審の判断に①法令の解釈に関する重要な誤り，あるいは②最高裁判例に違反するものがある場合に行うことができる。①または②があると最高裁が判断して初めて上告審として受理される。

第Ⅱ部　最高裁判決も読んでみよう！

CASE13

最高裁判決の読み方③
～調査官解説との併読

＜判決紹介＞
■ストック・オプション事件（最（三小）判平17.1.25・民集59巻1号64頁）

　E社は，D社の発行済み株式の100％を有している親会社であるというのであるから，E社は，D社の役員の人事権等の実権を握ってこれを支配しているものとみることができるのであって★1，（略）そうであるとすれば，本件権利行使益は，雇用契約又はこれに類する原因に基づき提供された非独立的な労務の対価として給付されたものとして，所得税法28条1項所定の給与所得に当たるというべきである★2。所論引用の判例は本件に適切でない★3。

◆1　「調査官解説」の捉え方◆

　CASE11から，最高裁判決の読み方の解説に入りました。

　近時の著名最高裁判例である養老保険事件，武富士事件，長崎年金事件の三事件などを素材として「規範の読み方」や「原審の判断の記載」について解説をしてきました。

　これまでは，判決の初歩的な，そして形式的な読み方について解説をしてきました。そこで，CASE13では少し趣向を変えて，最高裁判決に示された税法上の判断について，その判示を「判例」としてどのように読むべきかを検討していきます。

88

「判例」というのは，狭義では，最高裁判決の理由のうち，規範性があり先例としての意味がある部分に限られることは，CASE11で説明しました。これは他の事件でも適用可能性があるものこそ，先例として価値が出てくるからです。また，そうでない傍論についてはその事件限りの判断であるため，他の事件に直接の影響を及ぼさないと考えられるからでもあります。このように考えると，「他の事件にどのような影響があるか」という観点が重要になってきます。また以前にあった判例とどのような関係があるのか（ないのか）といった「**判例の整合性**」にも関心が向くようになります。

　そこで便利なものが，**最高裁判所調査官**（以下「調査官」という）が解説した『**最高裁判所判例解説**』（法曹会）です（以下「調査官解説」または「判例解説」といいます）。税務訴訟の最高裁判決は，第一小法廷から第三小法廷までの各小法廷（5名。定足数は3名）で言い渡されるのが通例で，その事件の綿密な調査を行うのが調査官です。

　その事件を担当した調査官の手による解説なので，「**調査官解説**」は（裁判所でも）重視される傾向にあるようです。

　今回は，筆者もかつて訴訟代理人として担当したストック・オプション事件の最高裁判決を素材に，調査官解説の言及にも触れながら，みていきます。

◆2　ストック・オプション事件◆

　ストック・オプション事件は，外国法人（親会社）が日本法人（子会社）の役員等に付与したストック・オプションの権利行使によって得た利益（あらかじめ定められた権利行使価格と権利行使時における時価との差額。以下「権利行使益」という）に対する課税が問

題になった事案でした。

　課税庁も従前は一時所得として取り扱っていました。しかし，平成10年分の確定申告期から，こうした権利行使益を「給与所得」として扱うことを表明し（**解釈の変更**），追徴課税を行ったため，税務訴訟が提起された（100件近くもの提訴があったといわれています）。

　具体的には，権利行使益が所得税法28条1項の定める「給与所得」に該当するのか（課税庁の主張），それとも「給与所得」にはあたらず同法34条1項が定める「一時所得」に該当するのか（納税者の主張）が争いになりました。

◆3　下級審における判断◆

　上記争点は難解な法解釈を含むため，下級審では，裁判所ごとに判断が分かれ，判決理由もさまざまなものが現れました。

　「判例解説」をみると，「一時所得に該当するとの判断をした裁判例としては，本件の第1審判決のほか，①東京地裁平成14年11月26日判決・判例時報1803号9頁（略），②東京地裁平成15年8月26日判決・判例時報1838号52頁（略），③東京地判平成16年12月17日判決・判例時報1878号69頁（略）等があ」ること，「給与所得該当性を肯定した裁判例としては，本件の原判決のほか，④横浜地判平成16年1月21日判決・金融・商事判例1184号4頁（略），⑤東京高判平成16年8月4日判決・労働判例880号167頁（略）等がある」ことが解説されています（同57頁）。

◆4　最高裁平成17年判決の意義と射程◆

　本判決（以下「平成17年判決」という）は，当該事案において当該

納税者が得た権利行使益が所得税法28条1項の「給与所得」に該当するという判断を行いました ★2。

これにより100件近くあったストック・オプション事件の「所得区分の争い」は決着をみました。しかし，平成17年判決は，あくまで「**事例判決**」形式をとっています。

この点について「判例解説」をみると，「本判決は事例判断の形式をとっているが，各社のストック・オプション制度は基本的な点において大差のないものと思われるから，本判決は同種事案との関係でも先例的価値を有するものと考えられる」とあります。

同書をみると，理由としては，「100パーセントを下回る場合であっても，当該外国法人が被付与者の勤務する会社を実質的に支配していると見ることができる限りにおいては，本判決の射程は及ぶものと解される」からであると解説されています（同54頁）。

しかし，外国法人の株式保有比率が何％以上あれば「実質的に支配」といえるか ★1 については，平成17年判決も判示していないため，微妙な比率の事案があれば，平成17年判決の射程が及ぶかという争い（**射程の議論**）になると予想することができます（といっても，現実にこうした点を争い，請求が認容されたという例は聞いたことがありません。現実には100％でない外国親会社のストック・オプション事例は散見されていましたが，いずれについても同じ結論になっています）。

◆5　昭和56年判決の射程◆

「所論引用の判例は本件に適切でない」★3 という判示は，給与の支給者（外国法人）と労務の提供を受ける者（日本法人）とが一致していない本件では，給与所得の意義が判示された弁護士顧問料

事件（最（二小）判昭56.4.24・民集35巻3号672頁）を適用すれば給与所得には当たらないとの上告人（納税者）の主張を排斥したものです。

判例解説をみると，上記昭和56年判決は「労務提供の相手方と給付者のかい離の問題については，何らの判断もしていない」ためだと考えられる旨の解説があります（同52頁）。

この点，近時の裁判例で，昭和56年に判決の射程について，次のように判示したものがあり，注目に値します。

すなわち，東京高裁平成25年10月23日判決・裁判所ＨＰは，「最高裁昭和56年判決（略），最高裁平成13年判決（略），最高裁平成17年判決（略）は，当該所得が給与所得に該当するかどうかに関し，これを一般的抽象的に分類すべきものではなく，その支払（収入）の原因となった法律関係についての当事者の意思ないし認識，当該労務の提供や支払の具体的態様等を考察して客観的，実質的に判断すべきことを前提として，それぞれの事案に鑑み，いわゆる従属性あるいは非独立性などについての検討を加えているものにすぎず，従属性が認められる場合の労務提供の対価については給与所得該当性を肯定し得るとしても（したがって，そのような観点から従属性を示すものとされる点の有無及び内容について検討するのは何ら不適切なものではない。），従属性をもって当該対価が給与所得に当たるための必要要件であるとするものではない。」と判示しています。

この事件は上告審に係属しており，筆者はこの判決の考えに反対です。この点，谷口勢津夫教授も「この判決の判断枠組みは，前掲弁護士顧問料事件・最判（筆者注：昭和56年判決のこと）が定立した規範をいわゆる「判断の一応の基準」に「格下げ」するものであり，妥当でない」と述べられています（谷口勢津夫『税法基本講義』〔第4版〕弘文堂269頁）。

★速効でチェック！　「CASE13」のポイント

- ① 判例とは，狭義では，最高裁判決の理由のうち，規範性があり，先例としての意味がある部分に限られる。

- ② その意味で「他の事件にどのような影響があるか」との観点が重要。また，それ以前の判例との整合性にも関心を向ける必要がある。参考になるのが，最高裁判所調査官が解説した「最高裁判所判例解説」。これは裁判所でも重視される傾向にある。

- ③ 「判例の射程」とは，①「判例」とは何を指すか，そして②当該判例の適用範囲はどこまでかを指す。これらは裁判所の判断から浮かび上がる。実務上，判例の射程の理解は重要となる。

第Ⅱ部　最高裁判決も読んでみよう！

CASE14

最高裁判決の読み方④
～「補足意見」の意味

＜判決紹介＞
■武富士事件（最（二小）判平23.2.18・判夕1345号115頁）
（須藤正彦裁判官の補足意見）

　国外に暫定的に滞在しただけといってよい日本国籍の上告人は，無償で1,653億円もの莫大な経済的価値を親から承継し，（略）富の再分配などの要請の観点からしても，なおさらその感を深くする。一般的な法感情の観点から結論だけをみる限りでは，違和感も生じないではない。しかし，そうであるからといって，個別否認規定がないにもかかわらず，この租税回避スキームを否認することには，やはり大きな困難を覚えざるを得ない ★1。

■遡及立法事件（最（二小）判平23.9.30・判夕1359号75頁）
（須藤正彦裁判官の補足意見）

　暦年末日に近い時期，例えば，11月か12月頃に，それまでの格別の周知が施されていない状況下で，そのような立法をなすことは，通常，納税者の経済活動等における法的安定性や予測可能性を著しく害する上，法に対する国民の信頼を失わしめ，個人の尊厳や財産権の保障の趣旨に背馳するともいえるから，憲法84条の趣旨及び憲法13条，29条の視点に照らして重大な疑義がある ★2。

（千葉勝美裁判官の補足意見）

　本件改正附則は，このようにいわば既得の利益を事後的に奪うに

等しい税制改正の性格を帯びるものであるから，憲法84条の趣旨を尊重する観点からは，上記のようなケースは類型的にその適用から除外するなど，附則上の手当てをする配慮が望まれるところであったと考える ★3 。

■養老保険事件（最（二小）平24.1.13・民集66巻1号1頁）
（須藤正彦裁判官の補足意見）

もとより，法規より下位規範たる政令が法規の解釈を決定付けるものではないし，いわんや一般に通達は法規の解釈を法的に拘束するものではないが，同通達は上記のような趣旨に理解されるものであって，要するに，同施行令同号も，同通達も，いずれも所得税法34条2項と整合的に解されるべきであるし，またそのように解し得るものである ★4 。

◆1　「補足意見」とは◆

最高裁判決の読み方について，ＣＡＳＥ13では判例の射程について解説をしてきました。それは，①判例の射程は，「判例」とはなにを指すか，②当該「判例」が適用されるべき範囲はどこまでかという問題です。

しかし，実際には明確に「射程はここまで」と線引きをすることは困難です。裁判所の判断があって「判例の輪郭（射程）」はようやく浮かび上がってくる面があります。実務上，射程の議論を理解することは重要です。

最高裁判決の読み方について4回目となる今回は，近時の最高裁判決で増えている「**補足意見**」について解説します。「補足意見」は「**法廷意見**」ではなく，あくまで当該法廷の裁判官個人の意見に

過ぎません。

しかし（結論は同じなのに），あえて述べられた補足意見にはメッセージが込められている可能性があります。

ＣＡＳＥ14では，武富士事件，遡及立法事件，養老保険事件で述べられた補足意見を素材にします。

◆2　最高裁判決における意見◆

最高裁の判決には，各裁判官の意見を表示されることになっています（裁判所法11）。下級審では，こうした意見の表示はなく，最高裁で例外的に認められています（裁判所法75②）。国民審査の資料にもなります。

法廷意見は，法廷（大法廷または小法廷）の多数意見です。また，**少数意見**には，①「**反対意見**」，②「**意見**」，③「**補足意見**」の三つがあります。

＜最高裁判決における裁判官の意見＞

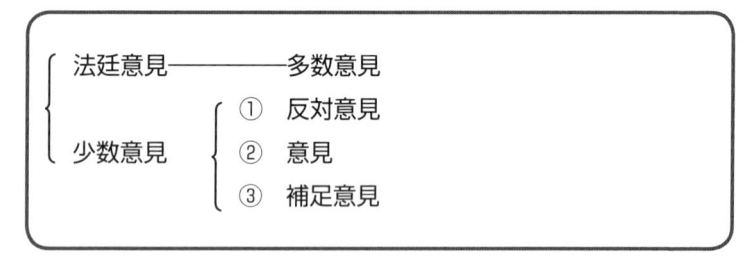

```
 ┌ 法廷意見────────多数意見
 │
 │              ┌ ①　反対意見
 └ 少数意見    ┤ ②　意見
                └ ③　補足意見
```

①「反対意見」は，文字どおり法廷意見に反対する考えのことです。これに対し，②「意見」と③「補足意見」は，法廷意見と同じ結論ですが，前者は理由づけを異にする場合，後者は自分だけの意見を付加して述べるものです（中野次雄編『判例とその読み方』〔三

訂版〕有斐閣104〜105頁参照）。

◆3　武富士事件（須藤裁判官の補足意見）◆

　武富士事件は，最高裁判決のインパクトが大きく話題を呼びました。そのなかで特に話題を呼んだのは，約1,300億円の贈与税についての租税回避があったことを認めながらも，租税法律主義を貫き，決定処分を取り消した点にありました。

　同時に最高裁判決を読んでの強烈な印象は，おそらく，法廷意見というよりも，須藤正彦裁判官の補足意見 ★1 にあったように思われます。

　租税回避が国民感情に照らして違和感を覚えるが，それでも法の手当てをせずに否認することは，租税法律主義から困難であるといったことが，詳細に述べられたからです。

　須藤補足意見は大変興味深いものですが，あくまで補足意見です（法廷意見ではない）。

　結論が同じであり，かつ裁判長を務めた裁判官の意見なので，最高裁判決を構成していると錯覚しがちですが，あくまで須藤裁判官個人の補足意見である点には留意が必要です。

◆4　遡及立法事件（須藤裁判官及び千葉裁判官の補足意見）◆

　遡及立法事件では，二つの補足意見があります。

　第一審では遡及立法であり，違憲であるという判断も出ており，物議をかもした事件です。

　そのため，最高裁においても，合憲という結論にはなりましたが，事例によっては違憲になりうる可能性や，本件の遡及課税について

の問題点など，個々の裁判官により，さまざまな問題意識があったことをうかがうことができます。

あくまで須藤裁判官 ★2，千葉裁判官 ★3，それぞれの個人の意見ですが，今後の遡及課税に対するチェックの視点としては参考になる示唆が多くあります。

◆5　養老保険事件◆

養老保険事件では，第一審及び控訴審ともに（別件の同種事件では第一審で），通達の規定に従い（通達の規定に租税法律主義の趣旨が適用されるかのような解釈を行い），会社が負担した保険料も「その収入を得るために支出した金額」（所法34②）にあたると判断していました。最高裁はこれを逆転させ，同法34条2項の解釈論として，本人（納税者）が負担した部分に限られると判示しました。

この点についても，須藤裁判官の補足意見があります ★4。これは，武富士事件と同様に考え方として参考になります（ただ，繰り返しになりますが，あくまで法廷意見そのものではないという点に注意が必要です）。

★速効でチェック！　「ＣＡＳＥ14」のポイント

- [ ] ①　法廷意見は，法廷（大法廷または小法廷）の多数意見である。少数意見には「反対意見」「意見」「補足意見」の三つがある。

- [ ] ②　「反対意見」は法廷意見に反対する考え。「意見」と「補足意見」は，法廷意見と同じ結論だが，前者は理由付けを異にする場合，後者は自分だけの意見を付加して述べるものである。

- [ ] ③　補足意見は，当該法廷の裁判官個人の意見に過ぎないが，あえて述べられた補足意見にはメッセージが込められている可能性がある。

- [ ] ④　例えば，武富士事件の最高裁判決では補足意見として法の手当てせずに否認することは，租税法律主義から困難であると詳細に述べられた。補足意見は，裁判官それぞれの個人の意見ではあるが，今後課税に対する視点としては参考になる示唆が多い。

第Ⅱ部　最高裁判決も読んでみよう！

CASE15

最高裁判決の読み方⑤
～下級審での規範との関係

＜判決紹介＞
■興銀事件（最（二小）判平16.12.24・民集58巻9号2637頁）
　……その全額が回収不能であることは客観的に明らかでなければならないが，そのことは，債務者の資産状況，支払能力等の債務者側の事情のみならず，債権回収に必要な労力，債権額と取立費用との比較衡量，債権回収を強行することによって生ずる他の債権者とのあつれきなどによる経営的損失等といった債権者側の事情，経済的環境等も踏まえ，社会通念に従って総合的に判断されるべきものである ★1 。

■興銀事件（東京高判平14.3.14・判時1783号52頁）
　貸倒れによる損金は，その損金算入時期を人為的に操作して，課税負担を免れるといった利益操作の具に用いられる余地を防ぐためにも，全額回収不能の事実が債務者の資産状況や支払能力等から客観的に認知し得た時点の事業年度において損金の額に算入すべきであり，それが一般に公正妥当と認められる会計処理の基準に適合する所以である ★2 。

■興銀事件（東京地判平13.3.2・判時1742号25頁）
　……債務者の負債及び資産状況，事業の性質，債権者と債務者との関係，債権者が置かれている経済的状況，強制執行が可能な債務

名義が既に取得されているか否か、これを取得していない場合には、債務者が債権の存在を認めているか否かなど債務名義取得の可能性の程度やその取得に要する費用と時間、強制執行が奏功する可能性とその程度、法的措置をとることに対する債務者等の利害関係人からの対抗手段等の発生が予想されるリスクとの対比等諸般の事情を総合的に考慮し、法的措置を講ずることが、有害又は無益であって経済的にみて非合理的で行うに値しない行為であると評価できる場合には、もはや当該債権は経済的に無価値となり、社会通念上当該債権の回収が不能であると評価すべき ★3。

◆1　下級審の規範との関係◆

最高裁判決の読み方について、ＣＡＳＥ14では補足意見の読み方を解説しました。

近時の税務訴訟の最高裁判決では補足意見が付されることも増えてきました。これにより個々の裁判官の考え方や、法廷意見には現れない問題意識などを垣間みることができます。

しかし、補足意見はあくまで当該裁判官個人の意見であり「法廷意見」を構成するものではありませんし、「判例」を構成するものでもありません。

他の税務訴訟でも「参考になる考え方」としての意義はもちろん有することになりますが、法的な位置づけは明確に知っておくことが重要です。

そこでＣＡＳＥ15では、他の税務訴訟（事件）において適用されうる「判例」（規範）の意義について、上級審判決がある場合の当該事件における下級審判決の判示事項の意味などを確認します。

素材は、最高裁判決の規範部分に重要性がある一方で、控訴審及

び第一審での判示とは規範の立て方が異なる「興銀事件」を選びました。

◆2 興銀事件の概要◆

興銀事件は，旧日本興業銀行が，住宅金融専門会社（住専）に対して有していた3,760億5,500万円の貸付債権を，事業年度末（平成8年3月29日）に放棄したことについて，貸倒損失として損金算入したことが否認され，訴訟に発展した事案です。

課税庁は，金銭債権の放棄が法人税法22条3項3号にいう「当該事業年度の損失の額」にあたり損金算入が認められるためには，全額回収不能であることが客観的に明らかでなければならず，本件では当該事業年度においてはそうした状況にはなかった，と主張しました。

◆3 興銀事件の判決◆

1 最高裁判決

最高裁判決は，債権放棄した額を損金に算入するためには，当該債権の全額が回収不能でなければならないという判示をしたうえで，全額回収不能といえるかどうかの基準を，上記 ★1 のとおり判示しました。

2 第一審判決・控訴審判決

ここで前提とされた全額回収不能であることが必要との考え方は，第一審・控訴審ともに同様でした。

ただし，その判断枠組みが，上記のとおり，第一審では ★3，控訴審では ★2 というように異なりました。結論としては，最高

裁・第一審は損金算入を認めました（納税者勝訴）。

しかし，控訴審では最高裁と異なり，損金算入は認めませんでした（納税者敗訴）。

◆4　最高裁判決が判示した規範◆

本件は住専に対する母体行の債権回収という社会問題・政治問題にもなった「特殊な事案」です。

そこで，もし本最高裁判決が「事例判断」（事例判決）に過ぎないということになれば，「判例の射程」はきわめて狭い（ほぼ同じ事案でないと適用されない）こととなります。

しかし，事案に特殊性があるものの，興銀事件の最高裁判決は，上記★1のとおり，一般的な判断の基準を抽象的に判示しています。そのうえで，本件の事実をあてはめて結論を導いているので，一般的に金銭債権の貸倒損失を損金算入できるための「判断枠組み」と考えることができます。

つまり，他の事件においても適用される「規範」になると考えられるのです。

実際，経理部長が行っていた架空経費の損金算入について，会社から当該経理部長に対する不正行為に基づく損害賠償請求権を，不法行為の発生した事業年度の益金に算入すべきか（同時両建てすべきか）が争われた東京高裁平成21年2月18日判決・訟月56巻5号1644頁でも用いられています。

具体的には，「貸倒損失として損金に算入するためには全額回収不能であることが客観的に明らかである必要がある（前掲最高裁平成16年12月24日判決）」として，興銀事件判決が引用されています。そして，そのあとに★3のとおり，基本的に同旨の判断枠組みが

判示されています。

　ただし，検討されるべき事情については，必ずしも合致していません。

　この点は，興銀事件の特殊性が最高裁平成16年判決の考慮要素には反映しているため，そのまま他の事件にも使えるかどうかについては慎重な判断が必要であると考える向きがあるからだと考えられます（吉村政穂「貸倒れの意義—興銀事件」（『租税判例百選』〔第5版〕有斐閣108頁）の解説には，「回収不能が客観的に明らかであるかを検討する際に基準とされる社会通念と，（債権放棄に伴う）利益供与に関する経済的合理性の判断はやはり局面を異にするものであり，慎重に区別されなければならない。」とあります）。

◆5　下級審の判断◆

　このように興銀事件の最高裁判決の判断枠組みは，他の事件にも適用されうる規範です。

　しかし，第一審・控訴審の判断枠組みは他の事件での「規範」たりえません。なぜなら，上級審である最高裁判決の判示によってなかったことになるからです。

　興銀事件は，最高裁判決が有名なのでわかりやすいかもしれません。他の事件でも，上級審の判断こそが（当然ながら）参照されるべきことに留意が必要です。

★**速効でチェック！**　「ＣＡＳＥ15」のポイント

- ① 興銀事件においては，事案に特殊性があるものの，最高裁判決では一般的判断基準を抽象的に判示し，本件事実をあてはめて結論を導いた。この基準部分は，一般的に金銭債権の貸倒損失を損金算入するための「判断枠組み」と捉えることができ，他の事件で適用されうる「規範」と考えられる。

- ② しかし，第一審・控訴審の判断枠組みは他の事件での規範とはならない。それは上級審である最高裁判決が出た以上，それ以前になされた下級審での判示は効力をもたなくなるため。

- ③ 他の事件においても，上級審の判断が参照されるべきことには留意が必要。

第Ⅱ部　最高裁判決も読んでみよう！

CASE16

最高裁判決の読み方⑥
～複数の最高裁判決がある場合

＜判決紹介＞

■ストック・オプション加算税事件（最（三小）判平18.10.24・民集60巻8号3128頁）

　このような問題について，課税庁が従来の取扱いを変更しようとする場合には，法令の改正によることが望ましく，仮に法令の改正によらないとしても，通達を発するなどして変更後の取扱いを納税者に周知させ，これが定着するよう必要な措置を講ずべきものである。……少なくともそれまでの間は，納税者において，外国法人である親会社から日本法人である子会社の従業員等に付与されたストックオプションの権利行使益が一時所得に当たるものと解し，その見解に従って上記権利行使益を一時所得として申告したとしても，それには無理からぬ面があり，それをもって納税者の主観的な事情に基づく単なる法律解釈の誤りにすぎないものということはできない★1。

■養老保険事件（最（二小）判平24.1.13・民集66巻1号1頁）

　一時所得に係る支出が所得税法34条2項にいう「その収入を得るために支出した金額」に該当するためには，それが当該収入を得た個人において自ら負担して支出したものといえる場合でなければならないと解するのが相当である★2。

◆1　複数の最高裁判決◆

　最高裁判決の読み方について，ＣＡＳＥ15では下級審で判示された判決との関係を解説しました。

　最高裁判決が出た以上，それ以前になされた下級審での判示は効力をもたなくなります。

　通常，判例には射程の問題があり，その事案にそもそも適用されうる事案なのかどうかの検討が不可欠になります。

　射程の範囲内であれば最高裁判決の判断枠組みを前提に考えざるをえません。

　しかし，事案が異なり，「射程外だ」となれば，当該最高裁判決の判断枠組みに拘束されることはなくなります。

　その場合には最高裁判決ではない，確定した控訴審判決などが参考になる場合もあるでしょう。

　いずれにしても大事なことは，参考になる判決をみつけた場合にその判決が確定判決かどうか（上級審の判断がないかどうか）を調べることです。

　ＣＡＳＥ16では，同種事件について複数の最高裁判決がある場合を扱います。

　今回の具体例としては，ストック・オプション加算税事件と養老保険事件の最高裁判決を取り上げます。

◆2　同種事件の最高裁判決◆

　過去に最高裁判決がある場合に，同じ問題について上告をしても，最高裁で判決の言渡しがなされることはないのが原則です（上告受理申立てについての不受理決定の通知が届くだけです）。

例えば，外国親会社発行のストック・オプションの権利行使益が「給与所得」であることは，最高裁平成17年１月25日第三小法廷判決・判タ1174号147頁で確定しています。

　そのため，すでに最高裁判決で法解釈が確定しているこの所得区分を，再び訴訟で争う納税者が現在いたとしても，もう１度最高裁判決が言い渡されることはありません。

　これに対して，ストック・オプションではない，例えばストック・アワードの所得区分を争った場合には，最高裁判決が言い渡される可能性はありえます。

　以上が原則ですが，同種事件が同時に複数最高裁に係属した場合，最高裁の各小法廷で同種事件について判決言渡しがなされることがあるのです。

　最高裁は，最大５名からなる小法廷が三つあります（第一小法廷ないし第三小法廷）。同種事件が複数上告された場合には，最大で三つの小法廷に事件が係属する可能性があります。

　二つ事件がある場合でも，別の小法廷に分かれて係属する可能性があり，その場合，それぞれ係属した複数の小法廷で判決言渡しが行われることになります。

◆３　複数の小法廷で同種事件の最高裁判決が言い渡された例◆

　近年では，
① ストック・オプション加算税事件
　（前掲（三小）判平18.10.24，最（一小）判平18.11.16・判タ1229号209頁，最（二小）判平19.7.6・裁時1439号260頁）
② 養老保険事件
　（前掲最（二小）判平24.1.13，最（一小）判平24.1.16・判タ1371号118

頁）

③ 遡及立法事件

（最（一小）判平23.9.22・判タ1359号75頁，最（二小）判平22.9.30・判タ1359号75頁）

がその例として挙げられます。

①ストック・オプション事件では，約100件の提訴があり，上告審に係属した事件は多くあり，三つの小法廷すべてで判決言渡しがなされています（同時に係属していた事件は多いため実際に言渡しがされた事件の数はさらに多くなっています）。

②養老保険事件，③遡及立法事件は，二つの小法廷で判決言渡しがなされています。

同種事件については，最高裁でも，ほぼ同時期に複数の小法廷で判決言渡しがなされることになります。

結論が異なることはまずありません。

それは，司法の最高府であり，統一的かつ終局的判断を行う最高裁は，各小法廷で意見を集約させて結論を出しているものと考えられるからです。

個別の事例ごとに異なる事実について若干の相違はあっても，一般的な法規範やその理由を判示する部分は，ほぼ全く同じ文言がつづられます。

若干言い回しが異なる判決文も見受けますが，それらは傍論といわざるを得ないものも多く影響を与えるものではありません。

◆4　ストック・オプション加算税事件◆ ★❶

所得区分の争いは，前掲最高裁平成17年1月25日第三小法廷判決により確定しました。

これに対して，一時所得で申告したことに「正当な理由」（通則法65）があるか否かについて争われた事件では，三つの小法廷で判決言渡しがなされています。所得区分の争い（加算税の争いがないもの）は，第三小法廷に集中配点されたことによります。

なお，★1の下線部分は，前掲第一小法廷では削除されています（正確にいうと，そのような記載がありません）。

◆5　養老保険事件◆　★2

養老保険事件は，二つの事件で原審（控訴審）の判断が異なったため，最高裁判決の主文は小法廷ごとに異なるが結論は同じです。

★速効でチェック！　「CASE16」のポイント

- □ ① 参考になる判決をみつけた場合にその判決が確定判決かどうか（＝上級審の判断がないかどうか）を調べることが必要。

- □ ② 同種事件が同時に複数最高裁に係属した場合，最高裁各小法廷で同種事件の判決言渡しがされることがある。複数上告の場合には，最大で三つの小法廷に事件が係属する可能性がある。

- □ ③ 同種事件は，最高裁でも，ほぼ同時期に複数の小法廷で判決言渡しがなされる。各個別事例で異なる事実について若干の相違はあっても，一般的な法規範や理由の判示部分は，ほぼ同じ。

CASE17

最高裁判決の読み方⑦
～判例の射程

＜判決紹介＞
■長崎年金事件（最（三小）判平22.7.6・民集64巻5号1277頁）

　所得税法9条1項は，その柱書きにおいて「次に掲げる所得については，所得税を課さない。」と規定し，その15号において「相続，遺贈又は個人からの贈与により取得するもの（相続税法の規定により相続，遺贈又は個人からの贈与により取得したものとみなされるものを含む。）」を掲げている。……そして，<u>当該財産の取得によりその者に帰属する所得とは，当該財産の取得の時における価額に相当する経済的価値にほかならず，これは相続税又は贈与税の課税対象となるものであるから，同号の趣旨は，相続税又は贈与税の課税対象となる経済的価値に対しては所得税を課さないこととして，同一の経済的価値に対する相続税又は贈与税と所得税との二重課税を排除したものであると解される</u> ★1。

◆1　判例の「射程」◆

　最高裁判決の読み方について，CASE16では同種事件について複数の最高裁判決が言い渡される場合があることを解説しました（ストック・オプション加算税事件，養老保険事件等参照）。

　すでに最高裁判決で判示された事項については，判例として確立したことになるため，同じ論点を争う事件を提起しても，上告受理

申立ては不受理となるのが原則です。

　もっとも，同時期に同種課税が行われ，事件が複数提訴された場合で（同種事件），最高裁の各小法廷に事件が分かれて係属した場合には，それぞれの小法廷で判決言渡しがなされることになります。

　結論は同じであり，判決理由もほとんど同じになっているものが多いのですが，微妙に言い回しが異なることもあるのです（もっとも，その程度の違いは傍論に過ぎないものがほとんどです）。

　そこで今回は，最高裁判決の射程について考察していきます。これまでも判例の射程については折に触れて解説をしてきたところですが，ここでは特に従前の読み方と異なる条文解釈が最高裁判決によって示された場合における他の事例への適用（**射程**）について，その考え方を検討していきます。

◆2　判例の射程の議論◆

1　主　　論

　最高裁判決のうち「**主論（レイシオ・デシデンダイ）**」といって判決理由を基礎づける重要部分の判示については，他の事件にも適用されることがあります（これに対して重要でない部分は「**傍論（オビタ・ディクタム）**」といいます）。

　英米法と異なり，我が国は「判例法」主義を採用していないため，判例は法律と同視されるものではありません。

2　判例の先例拘束力

　もっとも，「**判例の先例拘束力**」という議論があり，最高裁判決のうち「主論」については，他の事件でも判例変更がない限り裁判所では同じような解釈がとられることになる結果として，一度言い渡された判例については，事実上は裁判所を拘束する力があるとい

われているのです。

3 判例が適用されるかを考える基準

過去の最高裁判決の主論が，他の事件でも適用されるかを考える際に検討すべき事項が「**判例の射程**」の問題です。

(1) 主論を特定する

まず，①最高裁判決のうち「主論」といえる部分かどうかを考えることが必要になります。

「主論」は，判決理由を基礎づける重要部分ですので，他の事件にも適用されうる一般的な解釈であることが必要になります。

その事件の事例だけに適用される「個別」の考え方であれば，他の事件には適用されないことになります。

(2) 射程を検討する

次に，②主論といえる部分を特定することができたとしても，その「主論」がその事件にも妥当するのかを考えることが必要になってきます。

当該事件において最高裁判決の事例と前提が異なる，ということになれば，主論であってもやはりその事件には適用されないことになるのです。この場合，「**判例の射程外**」であるという評価がくだされることになります。

◆3　射程が問題になった事例◆

ここで改めて過去に最高裁判決の適用が問題になった事例を整理します。もっとも，過去の判例が適用された事例は多数あるため，ＣＡＳＥ17では典型的な判例が複数適用された，東京高裁平成21年2月18日判決・訟月56巻5号1644頁のみを紹介するにとどめます。

同判決は，下記に引用した下線部分にみられるように合計三つの

第Ⅱ部　最高裁判決も読んでみよう！

最高裁判決を適用しています。

「収益は、その実現があった時、すなわち、その収入すべき権利が確定したときの属する年度の益金に計上すべきものというべきである（権利確定主義。最高裁平成5年11月25日第一小法廷判決・民集47巻9号5278頁等参照）。……本件のような不法行為により発生した損失はこれに該当し、その額を損失が発生した年度の損金に計上すべきものと解されている（最高裁昭和43年10月17日第一小法廷判決・裁判集民事92号607頁参照）。……損害賠償請求権がその取得当初から全額回収不能であることが客観的に明らかであるとすると、これを貸倒損失として扱い、法人税法22条3項3号にいう当該事業年度の損失の額として損金に算入することが許されるというべきである（前掲最高裁昭和43年10月17日判決。なお、最高裁平成16年12月24日第二小法廷判決・民集58巻9号2637頁参照）。」

◆4　長崎年金事件の射程◆

冒頭に引用した最高裁平成22年7月6日第三小法廷判決は、所得税法9条1項16号（当時15号）が定める非課税所得の趣旨を明らかにしています。

★1をみると、「同号の趣旨は、相続税又は贈与税の課税対象となる経済的価値に対しては所得税を課さないこととして、同一の経済的価値に対する相続税又は贈与税と所得税との二重課税を排除したもの」だと判示されています。

この判示は、所得税法9条1項16号の解釈について一般性を有しているため、年金特約付き生命保険に限らず、相続税が課税されたあとにさらに所得税が課税される可能性がある事例については基本的にその射程が及ぶものと考えられます。

もちろん射程が及んだとしても，結論として非課税になるかどうかは，その事例ごとにさらなる検討が必要になります。

　しかし，所得税法9条1項16号の趣旨を「経済的価値の同一性」という観点からの二重課税排除であると明言した最高裁判決の重みは他の事例でも受け止めなければならないはずです。

　この点，近時の裁判例として，不動産を相続した相続人が相続税を負担し，さらに譲渡の際に被相続人が保有していた期間の増加益（キャピタル・ゲイン）についても，譲渡所得として相続人にさらに課税される点の「二重課税」が争われている事例があります（東京地判平25.7.26・公刊物未登載，東京高判平25.11.21・公刊物未登載）。

　この事件について，金子宏・東京大学名誉教授は「相続によって得た財産で相続税の対象とされたものを譲渡した場合における譲渡所得課税においては，被相続人の所有期間中に生じたキャピタル・ゲインは，すでに課税ずみであるから，相続人の所有期間中に生じたキャピタル・ゲインに対してのみ課税すべきである」として，最高裁平成22年判決の射程が及び非課税になるはずであることを述べられています（金子宏『租税法』〔第19版〕弘文堂266頁）。

　この二つの事件についての最上級審の判断が注目されるところです（平成26年6月19日現在）。

　こうした司法判断の蓄積により，所得税法9条1項16号の適用範囲はさらに明確になると考えられます。

第Ⅱ部　最高裁判決も読んでみよう！

> ★**速効でチェック！**　「ＣＡＳＥ17」のポイント
>
> □　①　最高裁判決のうち，判決理由を基礎づける重要部分の判示（＝「主論」）は，他の事件にも適用される。そして，他の事件でも判例の変更がない限り，同じような解釈になる結果，一度言い渡された判例は，事実上，裁判所を拘束する力があるとされる。
>
> □　②　まず，判例の射程を議論する際には，判決理由の基礎づけとなる主論を特定する。そして，主論が当該事件にも妥当するのかを考える。前提条件が異なれば，「判例の射程外」である。
>
> □　③　射程が及んだとしても，結論については，その事例ごとにさらなる検討が必要になる。

ＣＡＳＥ18

確定判決の影響

＜判決紹介＞
■東京高裁平成25年2月28日判決（TAINS Z888-1756）

「評価通達189の(2)の定めのうち，大会社につき株式保有割合が25％以上である評価会社を一律に株式保有特定会社と定める本件判定基準が本件相続開始時においてもなお合理性を有していたものとはいえない ★1。……が株式保有特定会社に該当するか否かは，……のとおり，その株式保有割合に加えて，その企業としての規模や事業の実態等を総合考慮して判断するのが相当である ★2。……租税回避行為の弊害の有無を株式保有特定会社該当性の考慮要素とすることも妥当かつ当然であるといわざるを得ない ★3。」

◆1　「確定判決」とは◆

　前回まで合計7回にわたり，最高裁判決の読み方について解説をしました。

　最高裁判決は，その規範部分が先例としての価値を有する判例となるものが多いのです。それが仮に事例判断であった場合でも，その判断が同種の取引や課税についての判断に影響を与えることになります。

　例えば，外国親会社発行のストック・オプションの行使益が「給与所得」にあたると判示した最高裁平成17年1月25日第三小法廷判

決・民集59巻1号64頁は，事例判断に過ぎないはずですが，同種の100件近い訴訟の結論を決しましたし，それ以外の類似の制度（ストック・アワードや譲渡制限株式）等の課税関係についても事実上大きな影響を与えています（大阪高判平20.12.19・訟月56巻1号1頁，東京地判平17.12.16・訟月53巻3号871頁）。

こうした観点からも，最高裁判決の読み方は，似たような事例を判断する際に大きな武器になるといえます。

ＣＡＳＥ18では，判決が与える影響という点に着目して，非上場会社の株式の評価に関して，財産評価基本通達が定める「株式保有特定会社」の25％基準の適用が否定された判決（東京高判平25.2.28）を素材に，この確定判決が他に与える影響について考えます。

◆2　確定判決の効力◆

1　判決の確定時期

当該審級での最終判断を「**終局判決**」といいます（税務訴訟ではまずみられません。しかし，複雑な事件の損害賠償請求事件などでは中間的な判断を示す「**中間判決**」というものも存在しています（民訴法245））。

税務訴訟では中間判決はまずないため，第一審（地方裁判所）の終局判決がでて，それに対して敗訴した当事者が控訴をすると，控訴審が開始することになります。

控訴は，第一審判決書の送達日の翌日から起算して2週間以内に行う必要があります。期間内に控訴がなされなかった場合，当該判決は「**確定**」します。

これに対し，控訴期間内に敗訴当事者から控訴がなされた場合，判決の確定は遮断されます（＝確定しない（民訴法116②））。

控訴審が開始し,控訴審の終局判決がでると,そのあと敗訴当事者が上告期間内に上告(ないし上告受理申立て)をすれば,またもやその判決の確定は遮断され,上告審に移審することになります。

他方で,上告期間内に敗訴当事者から上告(上告受理申立て)がなされなければ,上告期間の経過をもって当該判決は「確定」することになります。

上告があった場合,上告審の終局判断(判決の場合もあれば不受理決定などの決定の場合もある)があると判決が確定します。

＜判決の確定時期＞

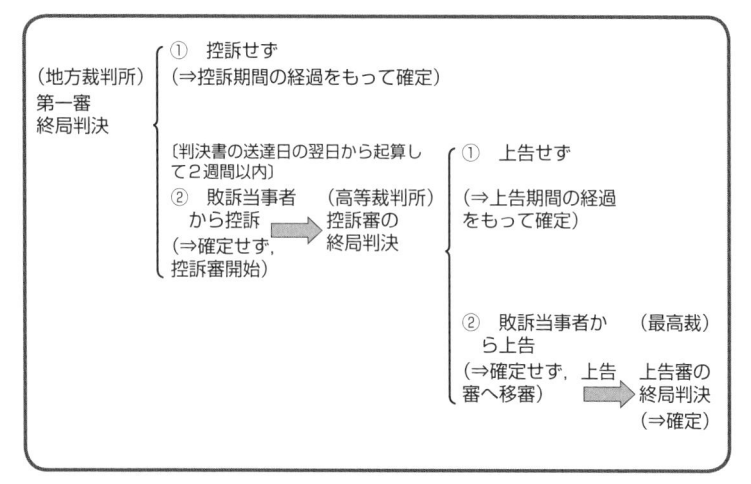

```
(地方裁判所)    ① 控訴せず
第一審        (⇒控訴期間の経過をもって確定)
終局判決
            〔判決書の送達日の翌日から起算し
            て2週間以内〕              ① 上告せず
            ② 敗訴当事者  (高等裁判所)    (⇒上告期間の経過
              から控訴   ⇒ 控訴審の      をもって確定)
              (⇒確定せず,   終局判決
              控訴審開始)
                                    ② 敗訴当事者か    (最高裁)
                                      ら上告
                                    (⇒確定せず,上告  上告審の
                                     審へ移審)  ⇒  終局判決
                                                 (⇒確定)
```

2 確定判決の効力

判決が確定すると,確定判決の効果は訴訟当事者に及ぶことになります(民訴法115①一)。逆に,当事者以外の者には原則として確定判決の効力は及びません。

```
┌─────────────────────────────────────────────────┐
│                                                 │
│  確定判決の効力 ──→ 当事者(原告・被告)のみに及ぶ  │
│                    (原則)                       │
│                                                 │
└─────────────────────────────────────────────────┘

　例えば,国税の課税処分を取り消す判決が確定した場合,当該訴訟の当事者である納税者(一審原告)と国(一審被告)との間でのみ,確定した取消判決の効力が及びます。

　この結果,当該課税処分は違法となるため,処分をした行政庁(税務署長等)は,当該課税処分に基づき納付を受けていた税額に還付加算金を付して当該納税者に還付すべきことになります。

　取消判決が確定すると,国は速やかに対応するため,還付がされないということはまずありません。

　しかし,もし還付がされない場合,確定判決に基づき,税額の還付を求めることができます。

　いずれにしても,当該取消判決の効果は当該訴訟の当事者にのみ及ぶため,同種の取引を行い,同種の課税をされ納付をしていた納税者が他にいたとしても,訴訟を行っておらず,自ら取消判決を得ていなければ,還付を求めることはできません。これが大原則です。

┌─────────────────────────────────────────────────┐
│                                                 │
│  確定判決の効力 ──→ ○当事者(原告・被告)のみに及ぶ│
│                  ╲   (原則)                     │
│                   ╲                             │
│                    ↘ ×同種事案の納税者には及ばない│
│                      (原則)                     │
│                                                 │
└─────────────────────────────────────────────────┘
```

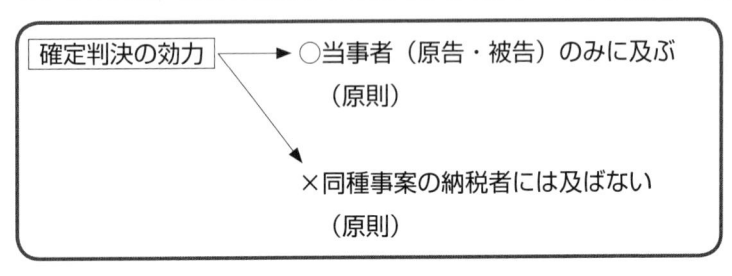

3　例外的取扱い

もっとも，例外的に，国税庁長官が確定判決に基づき，通達に示されていた法令の解釈について見解の変更が公表される場合（通常，国税庁ホームページにアップされる）があります。

例えば，長崎年金事件（最（三小）判平22.7.6・民集64巻5号1277頁）等，制限期間を遵守するなど要件を満たす場合であれば，後発的事由に基づく更正の請求ができます（通則法23②三，通則令6五）。これによって，長崎年金事件は訴訟を提起していない（確定判決を得てない）納税者も還付を求めることができました。

ただし，この規定に基づく請求ができるのは，あくまで職権での減額更正が認められる5年（現行法。改正前は3年）に限られています。長崎年金事件ではさらに措置法の改正を行い，10年分までさかのぼり還付をする措置がとられました。このことは，以上の大原則及び法令上の取扱いからして異例でした。

◆3　東京高裁平成25年判決の影響◆

以上を前提に考えれば，財産評価基本通達が定める25％基準に合理性がないと判断した東京高裁平成25年判決（確定）の効力が及ぶのは，あくまで当該判決を受けた当事者（当該納税者）のみということになります。

もっとも，同規定の適用を前提に相続税額を申告していた例は多数あると考えられます。この場合，同判決の効力は及ばないため，更正の請求で対応できるかという問題が浮上します。

この点，国税庁は基準を50％に変更する通達改正を行いました。そのうえで，見解変更に基づく更正の請求の取扱いについても，下記のとおり，国税庁HPで公表されました。

第Ⅱ部　最高裁判決も読んでみよう！

平成25年5月
国税庁

財産評価基本通達における大会社の株式保有割合による株式保有特定会社の判定基準の改正について

1　従来の取扱い

　取引相場のない株式の発行会社の中には，類似業種比準方式における標本会社である上場会社に比べて，資産構成が著しく株式等に偏った会社が見受けられます。このような会社の株式については，一般の評価会社に適用される類似業種比準方式により適正な株価の算定を行うことが期し難いものと考えられることから，財産評価基本通達（以下「評価通達」といいます。）189（（特定の評価会社の株式））(2)では，株式保有割合（評価会社の有する各資産の価額の合計額のうちに占める株式等の価額の合計額の割合）が25％以上である大会社を株式保有特定会社とし，その株式の価額を類似業種比準方式ではなく，原則として純資産価額方式で評価することとしていました（評価通達189-3（（株式保有特定会社の株式の評価）））。

2　通達改正の概要等

(1)　東京高等裁判所判決の概要

　東京高等裁判所平成25年2月28日判決（以下「高裁判決」といいます。）において，この株式保有特定会社の株式の価額を原則として純資産価額方式により評価すること自体は合理的であると認められるものの，平成9年の独占禁止法の改正に伴って会社の株式保有に関する状況が，株式保有特定会社に係る評価通達の定めが置かれた平成2年の評価通達改正時から大きく変化していることなどから，株式保有割合25％という数値は，もはや資産構成が著しく株式等に偏っているとまでは評価できなくなっていたといわざるを得ないと判断されました。

(2)　通達改正の概要

　この高裁判決を受け，現下の上場会社の株式等の保有状況等に基づき，評価通達189(2)における大会社の株式保有割合による株

> 式保有特定会社の判定基準を「25％以上」から「50％以上」に改正しました。
>
> 3　相続税等の更正の請求
>
> 上記2の通達改正は判決に伴うものであるため，過去に遡って改正後の通達を適用することにより，過去の相続税等の申告の内容に異動が生じ相続税等が納めすぎになる場合には，国税通則法の規定に基づき，この通達改正を知った日の翌日から2月以内に所轄の税務署に更正の請求をすることにより，当該納めすぎとなっている相続税等が還付となります。
>
> なお，法定申告期限等から既に5年（贈与税の場合は6年）を経過している相続税等については，法令上，減額できないこととされていますのでご注意ください。

しかし，この通達には，上記 ★1 〜 ★3 の判断基準は反映されていません。これをどう考えるかが，今後，類似事案が登場した際には，判決の読み方として問われることになるでしょう。

第Ⅱ部　最高裁判決も読んでみよう！

> ★**速効でチェック！**　「ＣＡＳＥ18」のポイント
>
> ☐　①　最高裁判決は，その規範部分が先例としての価値を有する判例となるものが多い。それが仮に事例判断の場合でも，判断が同種の取引や課税判断に影響を与える。
>
> ☐　②　控訴は，第一審判決書の送達日の翌日から起算して２週間以内に行う必要があり，控訴のない場合，当該判決は「確定」する。だが，期間内に敗訴当事者から控訴されれば判決の確定は遮断される。判決が確定するとその効果は訴訟当事者に及ぶが，当事者以外の者には原則として確定判決の効力は及ばない。
>
> ☐　③　例外的に，国税庁長官が確定判決に基づき，通達に示されていた法令の解釈について見解の変更が公表される場合（通常，国税庁ＨＰにアップされる）がある。

～ちょっと，ひと休み～
◇◆最高裁判決の思い出◆◇

　税務訴訟判決は，最高裁で決着するものが圧倒的に多いものです。もちろん，最近の非上場会社の株価についていわゆる株特（財産評価基本通達が定める株式保有特定会社）の規定を適用すべきでない（合理性が課税庁において立証できていない）として国税当局が敗訴した事案などのように，控訴審で確定し，最高裁までたどり着かない例もあります（過去には，航空機リース事件などもその例にあたります）。

　しかし，圧倒的に多くの事件は最高裁判決によって，決着をみているのです。近年の事件でも，①武富士事件，②長崎年金事件，③養老保険事件，④遡及立法事件，それに少し古くなってしまいましたが，⑤ストック・オプション事件など，挙げたらきりがない多くの著名な税務判例には，最高裁判決が示されています。

　しかし，実際に弁護士が最高裁まで行く機会があるかというと，ごく一般の弁護士には，「一生に一度でも最高裁に行ければラッキーだ」といわれるのが現実です。

　これは一般の民事訴訟のほとんどは，一審か控訴審で決着するからです。最高裁までいくことはまずありません。和解で終わるものも多いのです。「結果がどうなるかわからない上告審など，つかわないほうが優秀な弁護士」と考えられるきらいすらあります。

　しかし，これが税務訴訟だと一転します。それは和解がないことにくわえ，国税当局（国）も最後まで戦うことが多いからです。

　わたしも最高裁には何度か足を運び，そのなかでストック・オプション事件では二つ小法廷で弁論もさせてもらいました。ホステス源泉徴収事件やガーンジー島事件などは，弊所担当事件であったた

め，傍聴の貴重な機会も得ました。そのたびに「ここから判例が生まれるのだな」と思いました。荘厳な雰囲気を肌で感じ，身の引き締まる思いがする。それが最高裁の醍醐味であり，最高裁事案を担当した弁護士の特権です。この体験は補佐人として関与した税理士の先生も感じることができるものです。

第Ⅲ部

判決の考え方を知ろう！

第Ⅲ部　判決の考え方を知ろう！

CASE19

法解釈と法令用語の知識

＜判決紹介＞
■名古屋地裁平成21年9月30日判決（判タ1359号137頁）
「本件においては，本件和解金が施行令30条2号にいう「不法行為その他突発的な事故により資産に加えられた損害につき支払を受ける損害賠償金」に当たるかどうかが問題となるところ★1，この点につき，被告は，同号にいう「不法行為」とは，「突発的な事故」と同様の不法行為，すなわち，相手方との合意に基づかない突発的で予想することができない不法行為を意味するものであると主張する★2。

しかしながら，施行令30条2号は，「不法行為その他突発的な事故」と規定しているのであり，「不法行為その他の突発的な事故」と規定しているのではない。法令における「その他」と「その他の」の使い分けに関する一般的な用語法に照らせば，同号において「不法行為」と「突発的な事故」は並列関係にあるものとして規定されていると解されるのであって，文言上，同号にいう「不法行為」を被告が主張するように限定的に解すべき根拠はない★3。また，不法行為の態様が，突発的な事故ないしそれと同様の態様によるものであるか，又はそれ以外の態様によるものであるかによって，当該不法行為に係る損害賠償金の担税力に差異が生ずるものではないから，損害賠償金が非課税所得とされている立法趣旨に照らしても，同号にいう「不法行為」は突発的な事故と同様の態様によ

るものに限られると解する理由はない★4。」

◆1　法解釈と法令用語◆

　ＣＡＳＥ18は，確定判決が与える影響について，東京高裁平成25年２月28日判決・裁判所HPなどを素材に解説しました。

　同事件は，非上場会社の株式の評価に関し，財産評価基本通達が定める「株式保有特定会社」の25％基準の適用が否定された判決で，その後，通達改正という余波が生じている事案でした。

　最近，競馬馬券の払戻金について雑所得だとする判断が大阪地裁でくだされましたが（大阪地判平25.5.23・裁判所ＨＰ。控訴審である大阪高判平26.5.9・公刊物未登載も同旨），この事件はあくまで所得税法違反（脱税）の判断に際して行われた「刑事事件の判決」です。

　同事件は当地裁民事部に処分取消訴訟が係属しているため，刑事事件の判決が処分取消訴訟に与える影響についても，別の機会に解説します。

　今回は，少し視点を変えて，「**法令用語の読み方**」について検討していきます。日本語としてするりと読んでしまうと，誤解する危険があります。それが「**法令用語**」です。

　法令用語は，わかっているようで，理解できていないことも多く，折に触れて辞典などを参照することが望ましいのです。そのためには，その存在を認識しなければ，「意識」することもできません。

　事件の素材としては，平成23年度の司法試験（租税法）でも出題された名古屋地裁平成21年９月30日判決（判夕1359号137頁）を取り上げます。

　所得税法施行令の解釈として，「その他」と「その他の」という法令用語の一般的な意味（違い）について言及しており，興味深い

事件です。あわせて，引用した判決理由の構造（法解釈の方法）についても解説していきます。

◆2　法解釈の方法◆

1　民事訴訟法における「法解釈」

　税務訴訟では「事実認定」よりも，「法解釈」が争いになることが多くあります。

　法解釈は，裁判所の専権事項であり，弁論主義の適用はないと民事訴訟法では解されています。そのため，当事者の主張がなかったとしても，裁判所は法解釈を一つの論点として取り上げることができるし，論点（争点）になっていたとしても，原告・被告の主張と全く異なる結論や理由を示すこともできるのです。

　もっとも，不意打ちになる危険もあるため，法的観点を指摘して当事者に法解釈についても主張を尽くさせるべきという考えが，いまの民事訴訟法の考え方としては強くなってきています（**法的観点指摘義務**）。

　実際に，東京地方裁判所で担当した案件で，法廷外での進行協議期日が開催され，裁判所の考えている「法的観点」が，原告（納税者）・被告（国）のいずれの主張とも整合していないため，「××の観点から主張を再検討されたい」という指摘を納税者代理人として受けたことがあります。

　これは法的観点の指摘といえるでしょう。

2　法解釈における当事者の主張

　このように裁判所の専権事項である法解釈ではありますが，税務訴訟では結論に直結する大きな争点になることが多いため，当事者は当然ながら「法解釈」について主張・反論を行うのが一般です。

★1で，裁判所は，どの条文の何が問題になるのかを提示しています（**問題提起**）。

そして，法解釈であり弁論主義の適用はないものの，争点として当事者の攻防があったため，当事者である被告の主張を★2で記載しているのです。

3 法解釈の方法

法解釈は「法的三段論法」にいう「大前提」を解明する作業にあたります。つまり，「法規」（法令の該当条文）に「論理則」をあてはめて，「法規範」を示すことになるのです。

ここにいう「論理則」は，論理的な読み方と考えればわかりやすいです。アプローチ方法はさまざまですが，一般には，「条文の文言」そのものから内容を解読する手法（**形式的アプローチ**），条文の立法趣旨から内容を考える主張（**実質的アプローチ**）の二つがあります。

上記判決でいうと，★3は所得税法施行令30条2号の「文言」の読み方を議論しています（形式的アプローチ）。

このなかで，後述する「その他」と「その他の」という法令用語の一般的な意味にも言及しています。

これに対して，★4は，「立法趣旨」から検討しており，実質的アプローチを行っています。

◆3　法令用語の読み方◆

上記の名古屋地裁判決は，「法令における「その他」と「その他の」の使い分けに関する一般的な用語法に照らせば，同号において「不法行為」と「突発的な事故」は並列関係にあるものとして規定されていると解される」と判示しています。

ここにいう「一般的な用語法」というのが法令用語の一般的な読み方のことです。

　日本語として読むと，意識できずに読みとばしてしまうかもしれませんが，法令用語（法律の条文に使われる言葉）には，意味があり，使用方法が決まっているのです。

　これに関する書籍は多く市販されていますが，例えば，林修三氏の『法令用語の常識』（日本評論社）をみると，「「その他」ということばが用いられている場合は，…「その他の」の場合とちがって，全部一部例示の関係にあるのではなくて，並列関係にあるのが原則である。」と解説されています。

　この手の「法令用語」の正確な意味づけは，こうしたスタンダードな書籍を一冊手元に置き，平時からパラパラとページを繰るようにしておくと，問題になる用語が登場したときにピンときやすくなるのでオススメです。

★**速効でチェック！** 「ＣＡＳＥ19」のポイント

- □ ① 法令用語は，例えば「その他」と「その他の」や「みなす」と「推定する」の違いなど，わかっているようで理解できていないことも多い。折に触れて辞典やスタンダードな書籍を手元に置き，正確な意味づけを参照することが望ましい。

- □ ② 法解釈は，裁判所の専権事項であり，弁論主義の適用はないと民事訴訟法で解されている。だが，不意打ちの危険もあるため，法的観点を指摘して当事者に法解釈についても主張を尽くさせるべきという考えがある（法的観点指摘義務）。

- □ ③ 税務訴訟では結論に直結する大きな争点になることが多いため，当事者は「法解釈」について主張・反論を行うのが一般的。

第Ⅲ部　判決の考え方を知ろう！

CASE20

裁判所は通達をどのようにみているのか？

＜判決紹介＞
■大阪地裁平成25年5月23日判決（裁判所ＨＰ）

　「所得税基本通達34-1は，一時所得の例示として，「競馬の馬券の払戻金，競輪の車券の払戻金等」を挙げているが，通達は，行政機関の長が所管の諸機関及び職員に対して行う命令ないし示達であり（国家行政組織法14条2項），国民に対する拘束力を有する法規範ではない ★1。したがって，通達の定めは，裁判所の行う法律解釈に際し，当該法令についての行政による解釈としてその参考とはなり得るが，それ以上の影響力を持つものではない ★2。このことは，租税行政が通達の下に統一的，画一的に運用されていること，そのため国民が納税義務の有無等を判断するに当たっても重要な指針となっていると考えられることを踏まえても，何ら変わるものではない ★3。」

■大阪高裁平成21年4月24日判決（裁判所ＨＰ，税理53巻7号84頁）

　「所得税基本通達及び法人税基本通達等の規定は，課税庁内部では拘束力をもつが，裁判所が拘束されるものではないのであって ★4，その上位規範である所得税法の規定を解釈するに当たり参考となり得えても，その解釈基準の根拠として取り扱うことは，前提において失当であるというべきである ★5。」

134

◆1　裁判所と「通達」◆

CASE19では「法令用語」の意味について，実際に判決でも法解釈の一つの材料として指摘がされた例（名古屋地判平21.9.30・判タ1359号137頁）を素材に解説をしました。

「法令用語」については，通常の日本語の読み方として，するりと読んでしまうと，微妙な差異や相違点に気づくことなく通り過ぎてしまう危険があります。

そうならないためにも，法令用語について解説をした書籍を1冊は手元に置くなどして，また，購入したらどんな違いがあるのかをページをパラパラ繰りながら概観しておくことが望ましいです。

例えば，前回ご紹介した「**その他**」と「**その他の**」の違いに始まり，弁護士であれば誰でも知っている「**みなす**」と「**推定する**」の違いなど，さまざまな「法令用語」の例を目にすることができるはずです。

CASE20では平成25年の5月に刑事事件の地裁判決が言い渡され，一般的な報道でも話題を呼んだ馬券事件の大阪地裁判決（大阪地判平25.5.23・裁判所HP）などを素材に，裁判所が「通達」をどのようにみているかについて解説していきます。

◆2　租税法律主義と通達◆

1　租税法律主義

あらたに租税を課し，または現行の租税を変更するためには「法律」によらなければならなりません。

これが，憲法84条が定める「**租税法律主義**」の根本原則です。法律によらなければならないとされているのは「**代表なくして課税な**

し」という民主主義の理念にあります。

法律は「唯一の立法機関」である国会のみが制定できるからです（憲法41）。そして、国会のメンバー（構成員）は選挙で選ばれた国会議員だからです（憲法42，43①，15①）。

「代表なくして課税なし」との理念は、課税の権限を「国王（権力者）」から奪うことにありました。

これを国民が選ぶ代表機関の権限とすることで、税金をもらう側（国家）が、恣意的に課税をできることを防止しようというのが、租税法律主義の考え方です。

したがって、課税実務においては、通達の規定によって具体的な課税関係が規律されている現状があるとしても、それはあくまで「現状」であって、租税法律主義の観点からは、無条件に是認できないことになります。無条件に、というのは、法律の規定に照らして許される解釈の範囲内であれば問題はない、ということです。

2 通達の規定が許容される理由

通達は「法律」ではありません。租税法律主義の一つのあらわれである「**課税要件法定主義**」、つまり、課税（実体のみならず手続も含むと解されている）は法律で定めなければならない、との考え方からは、法律ではない「通達」による課税は許されません。

それにもかかわらず、上記のような「現状」があり、その現状の多くが問題なしとされているのは、各種税法（所得税法，法人税法，相続税法等）といった「法律」が定める規定の範囲内におさまっている通達の規定だと考えられているからです。

3 法律の定める範囲を超えた通達の規定

逆に、法律が定める規定の範囲を超えるような通達の規定があり、その通達の規定に基づき課税されることがあるとすれば、それは「租税法律主義」に違反することになります。

つまり、許されない課税ということになるのです（具体的には、こうした課税処分があれば裁判所によって「違法」と判断されます）。

◆3　裁判例の概観◆

1　裁判所の考え方

以上の見方については、現在の日本の裁判所では、基本的に定説といってよいほどかたまった考えとして定着しています。

これまで、税務訴訟では通達の規定をめぐり、さまざまな争いがなされてきましたが、どの事件のどの判決においても、上記**2**の考え方、つまり、「法律」の範囲内を超える「通達」の規定による課税がなされれば、それは違法になることが、大前提として横たわっているのです。

2　大阪地裁平成25年5月23日判決

話題を呼んだ競馬事件は、刑事事件でしたが、丁寧な判決理由が記載されています。引用した部分は、馬券の払戻金が一時所得の例示として挙げられている所得税基本通達についての言及部分ですが、ここで述べられている一般論は、まさに上記で解説した裁判所の考え方に合致しています。

★1では、通達の規定に国民に対する拘束力がないことが指摘されています（後述する判決★4では裁判所に対する拘束力もないことが指摘されています）。

★2では、法の解釈として通達の規定は参考にはなりうることが指摘され、★3では、現状として通達が重要な役割を果たしている事実を認めながらも、やはり法の解釈は法律によって行われることが確認されています。

大阪地裁平成25年判決の控訴審判決（大阪高判平26.5.9・公刊物未

第Ⅲ部　判決の考え方を知ろう！

登載）も，以下のように判示しており，基本的に同じ立場に立っています。

「なお，所得税基本通達34-1は，競馬の馬券の払戻金等は一時所得に該当すると例示しているが，行政解釈にすぎないこと，そして，同通達の発出当時，被告人がしたような馬券購入行為が想定されていなかったこと，所得税基本通達の前文の趣旨に照らしても，個々の具体的事案に妥当する判断が求められるというべきである。」

3　大阪高裁平成21年4月24日判決

ここでも通達の拘束力について言及があり ★4，上記 ★3 と同様，通達が解釈の指針にはなるものの，それ以上の効力は持たないことが確認されています ★5。

★速効でチェック！　「ＣＡＳＥ20」のポイント

☐　① 憲法84条が定める「租税法律主義」の根本原則は，あらたに租税を課し，又は現行の租税を変更するためには「法律」によらなければならない，というもの。

☐　② 課税実務では，「通達」の規定によって具体的な課税関係が規律される現状がある。だが，租税法律主義の観点に立てば，「無条件」に是認できない。無条件に，というのは，法律の規定に照らして許される解釈の範囲内であれば問題はないということ。

☐　③ これまで，税務訴訟では通達の規定をめぐり，さまざまな争いがなされてきたが，法律の範囲内を超える通達の規定による課税がなされれば，それは違法になる。

CASE21

規範とあてはめ

＜判決紹介＞
■東京地裁平成20年 2 月15日判決
　「ある収益をどの事業年度に計上すべきかは，一般に公正妥当と認められる会計処理の基準に従うべきであり，これによれば，収益は，その実現があった時，すなわち，その収入すべき権利が確定した時の属する事業年度の益金に計上すべきものと考えられる（最高裁平成 5 年11月25日第一小法廷判決・民集47巻 9 号5278頁参照）★1。
（略）
　権利が法律上発生していても，その行使が事実上不可能であれば，これによって現実的な処分可能性のある経済的利益を客観的かつ確実に取得したとはいえないから，不法行為による損害賠償請求権は，その行使が事実上可能となった時，すなわち，被害者である法人（具体的には当該法人の代表機関）が損害及び加害者を知った時に，権利が確定したものとして，その時期の属する事業年度の益金に計上すべきものと解するのが相当である（最高裁平成 4 年10月29日第一小法廷判決・裁判集民事166号525頁参照）★2。」

■東京高裁平成21年 2 月18日判決
　「ただし，この判断は，税負担の公平や法的安定性の観点からして客観的にされるべきものであるから，通常人を基準にして，権利（損害賠償請求権）の存在・内容等を把握し得ず，権利行使が期待で

きないといえるような客観的状況にあったかどうかという観点から判断していくべきである。不法行為が行われた時点が属する事業年度当時ないし納税申告時に納税者がどういう認識でいたか（納税者の主観）は問題とすべきでない ★3。」

◆1　法律家としての「かなめ」◆

　ＣＡＳＥ20では，裁判所が「**通達**」をどのようにみているかについて，近時話題を呼んだ競馬事件の刑事事件判決（大阪地判平25.5.23・裁判所ＨＰ）を素材にしながら，解説をしました。

　課税は「**法律**」により行われなければなりません（租税法律主義）。しかし，実際には，法律の「**解釈**」を行うことで，納税者が法文からは予期しない対象まで課税されることがあります。

　特に通達の規定で定められているものがあれば，課税庁としては，その命令に従い課税を行うことになりますが，その規定を適用することが果たして，もとになる法の解釈に沿うものかが問題にされるものがあとを絶ちません。

　裁判所は，通達は法律ではないから，国民も裁判所を拘束するものでないという大原則に立ちながら，法の解釈として，通達の規定を参考にする，というスタンスをとっています。

　そこで，ＣＡＳＥ21は「**規範とあてはめ**」について検討をしていきます。現行の司法試験では「規範とあてはめ」が重要であるといわれています。数ページに及ぶような長文の事例問題が出題され，それに対する自説を論文形式で書くことが求められる試験ですが，法律家としてのかなめ（独特の思考形態）が身についているかを問うことが本質です。

それは，すなわち自ら定立した「**規範**」に事実を「**あてはめ**」て，問題を解決するという「**法的三段論法**」です。

今回は，同じ事案で，同じ「規範」を使っても，あてはめで結論が異になった事例を紹介しながら，解説をしていきます。

◆2 「規範」と「あてはめ」の関係◆

1 法的三段論法

これまでで解説したところではありますが，民事訴訟法（税務訴訟も同じ）では，「法的三段論法」という思考技術が使われます。

一般的に論理学でいう「**三段論法**」は，「命題」（例：人は死ぬ）があり，「事実」（例：アリストテレスは人だ）があり，この命題に事実を「あてはめ」ることで，「アリストテレスは死ぬ」という結論を導きます（もっとも，アリストテレスはすでに死んでいるのですが）。

＜論理学にいう三段論法＞

```
命題（一般論）  「人は死ぬ」
  ↓
事実（具体論）  「アリストテレスは人だ」
  ↓
結論        「アリストテレスは死ぬ」
```

法的三段論法も，基本はこの「三段論法」と同じです。

違うところは「命題」が「法規範」であるため，法律の条文（法規）の解釈（法解釈）が介在するという点です。具体的には「大前提」に「小前提」を「あてはめ」て結論（判決）を導きます。

まず「大前提」では，法規に論理則をあてはめて「法規範」を定

141

立します(法解釈)。そして「小前提」では、証拠に経験則をあてはめ「事実」を認定する(**事実認定**)。この点をより具体的に説明すると、多くの場合は直接証拠がないため、**間接事実**(直接証拠を推認させる事実)を間接証拠(**状況証拠**)によって認定し、その積み重ねで「**主要事実**」を推認するという手法をとります(**間接事実中心主義**)。これに対して、主要事実を直接認定できる「直接証拠」によって事実を認定すべきとする考え方(**直接証拠中心主義**)もありますが、いずれもアプローチの違いです。現実の実務では、双方の観点から行われるものと考えられています(土屋文昭＝林道晴編『ステップアップ民事事実認定』有斐閣40頁参照)。

2 規範とあてはめ

司法試験の論文試験では「規範とあてはめ」が重要であるといわれています。読者のみなさんは、司法試験を受けることはないと思いますが、**司法試験で重視される「視点」は、法律家の「核となる思考」**といえます。司法試験では「事実認定」は問われないことが多いのです(事実認定は証拠から事実を推認する作業であり、試験には向いていないという側面もありますが、司法研修所では事実認定を中心とした判決起案などを徹底して鍛えられます)。

これに対して「**法解釈**」は、旧司法試験以来問われ続けている「法律学の基本」ともいえる技術です。

さらに法科大学院ができてからの司法試験では、「規範」を定立して、問題文の事実をその規範に「あてはめ」る技術が強く問われるようになっています。これが「規範とあてはめ」といわれるものです(筆者は、『租税法重要「規範」ノート』(弘文堂)という書籍を執筆していますが、これは司法試験で租税法を選択科目として受験する法科大学院生などを念頭に、事例問題であてはめるための「規範」の要点を整理した書籍です)。

◆3 損害賠償請求権の計上時期が争われた事件◆

1 規　範

　規範は，法律の条文（法規）を解釈した結果（法規範）であり，先例（最高裁判決）がある場合には，それが「規範」となります。

　この場合，学説としては判例とは異なる規範（説）も唱えられることがありますが，裁判では先例である「**最高裁判例の規範**」が使われることになるため，いわば「正解」があることになります。

　司法試験では最高裁判例がある場合，その規範の要点を記憶し，それを答案用紙に論述することになるのです。これは正解がある部分です。引用した事件でも，地裁・高裁ともに結論は異なるものの「規範」部分は共通しています（★1は地裁判決の「規範」だが，高裁判決も全く同じ「規範」が判示されています）。

2 あてはめ

　これに対して「あてはめ」には「正解」はありません。

　司法試験でも，同じ規範を使っても，あてはめの仕方（結論）は，答案を書く人により異なりますが，その結論で合格・不合格が決まるものではないのです。引用した事件でも，同じ規範★1を使いながら，あてはめは，★2，★3のように異なり，結論も異なっています。つまり，正解がない分野では，多分に判断する者（裁判官）の価値判断が影響することになるのです。

第Ⅲ部　判決の考え方を知ろう！

> ★**速効でチェック！**　「ＣＡＳＥ21」のポイント
>
> □　①　「規範とあてはめ」は法律家としての「かなめ」。
>
> □　②　このプロセスたる法的三段論法の基本は，論理学にいう三段論法とイメージは同じ。法律の条文の解釈が介在するという点で異なるが，具体的には大前提（法解釈）に小前提（事実認定）をあてはめて結論（判決）を導く。
>
> □　③　規範は，法律の条文（法規）を解釈した結果（法規範）であり，先例（最高裁判決）がある場合には，それが規範となり，いわば「正解」がある。しかし，あてはめには正解はない。つまり，正解がない分野では，多分に判断する者（裁判官）の価値判断が影響することになる。

CASE22

法解釈の手法
～文理解釈と趣旨解釈

＜判決紹介＞

■財産分与事件（最（三小）判昭50.5.27・民集29巻5号641頁）

「譲渡所得に対する課税は、資産の値上りによりその資産の所有者に帰属する増加益を所得として、その資産が所有者の支配を離れて他に移転するのを機会に、これを清算して課税する趣旨のものであるから ★1、その課税所得たる譲渡所得の発生には、必ずしも当該資産の譲渡が有償であることを要しない（略）。したがつて、所得税法33条1項にいう「資産の譲渡」とは、有償無償を問わず資産を移転させるいつさいの行為をいうものと解すべきである ★2。」

■長崎年金事件（最（三小）判平22.7.6・民集64巻5号1277頁）

「所得税法9条1項は、その柱書きにおいて「次に掲げる所得については、所得税を課さない。」と規定し、その15号において「相続、遺贈又は個人からの贈与により取得するもの（相続税法の規定により相続、遺贈又は個人からの贈与により取得したものとみなされるものを含む。）」を掲げている。同項柱書きの規定によれば、同号にいう「相続、遺贈又は個人からの贈与により取得するもの」とは、相続等により取得し又は取得したものとみなされる財産そのものを指すのではなく、当該財産の取得によりその者に帰属する所得を指すものと解される ★3。そして、当該財産の取得によりその者に

145

第Ⅲ部　判決の考え方を知ろう！

帰属する所得とは，当該財産の取得の時における価額に相当する経済的価値にほかならず，これは相続税又は贈与税の課税対象となるものであるから，同号の趣旨は，相続税又は贈与税の課税対象となる経済的価値に対しては所得税を課さないこととして，同一の経済的価値に対する相続税又は贈与税と所得税との二重課税を排除したものであると解される ★4 。」

◆1　法解釈は争点となりやすい◆

　ＣＡＳＥ21では，判決を法律的に読むために最も重要な思考形式といっても過言ではない「法的三段論法」をベースとした「規範とあてはめ」について解説をしました。

　「規範」と「あてはめ」は司法試験受験生が法律論文を作成するにあたり，強く意識をしているキーワードです。これらができて司法試験の論文試験に合格できるため，税務訴訟に携わる法曹（裁判官・検察官・弁護士）にとっては当然の基礎思考です。

　つまり，この理解が，税務訴訟の判決を読むうえで大きな鍵です。

　ＣＡＳＥ22では「法的三段論法」の「大前提」にあたる「法解釈」について，少し突っ込んだかたちで解釈手法について検討していきます。「大前提」では，法規（法律の規定）に論理則を適用し「法規範」を導きます。この作業を「法解釈」というのです。

　法解釈は，裁判所の専権ですが，税務訴訟では争点になることも多く，当事者の側でも詳細な主張を行い，それぞれの考えをぶつけあうのが通常です。

　その結果，裁判所が判決文で当該事件を解決するにあたり必要な法規（税法の条文）の解釈を示します。以下，法解釈が示された判決文の具体的な読み方について，二つの判例を素材に解説します。

◆2　法解釈の手法◆

1　法解釈は「大前提」

　法律の規定（法規）を解釈する作業は「法的三段論法」の「大前提」にあたります。

　そして「小前提」（事実認定）の作業で「証拠」に経験則をあてはめて認定された事実に（個別事件），「大前提」（法解釈）の作業で「法規」に論理則をあてはめて定立された法規範を「あてはめ」ることで，判決の結論は導かれます。

2　文理解釈

　法的三段論法の「大前提」として行われる「法解釈」は，このように，当該事件で適用されるべき法律の条文の「具体的な意味を明らかにする」作業です。

　法律の条文は言葉でできていますが，その言葉の意味が必ずしも明確ではない場合があります。その場合，まずもって，その条文の「文言（文理）」をよく読むことが必要になるのです。

　この場合，その言葉が持つ通常の日本語としての意味や用例によることになりますし，法律用語が登場する場合には「**借用概念**」が問題になることもあります。

　租税法は，そもそも「**侵害法規**」です。法による強制力であるとはいえ，国民の財産権から一方的な徴収をするものだからです。

　したがって，租税法の条文を解釈する際には，**文理解釈**（文言解釈）をまずもって行うべきと考えられています（最（三小）判平22.3.2・民集64巻2号420頁参照）。

3　趣旨解釈

　もっとも，条文の文言だけからは，その意味を明らかにすることが困難な場合もあります。

第Ⅲ部　判決の考え方を知ろう！

　その場合，その条文が制定された理由（これを**立法趣旨**といい，通常は単に「**趣旨**」といいます）に立ち戻ることで，「この文言はきっとこういう意味なのだろう」と合理的な解釈を試みることになるのです。条文の文言（文理）だけによらない解釈という意味で，「**論理解釈**」といわれ，「立法趣旨」をよりどころにするという意味で「**趣旨解釈**」などとも呼ばれます。

　租税法は文理解釈が中心であるといっても，合理的な意味内容を解釈により確定すること，つまり当該条文の立法趣旨を明らかにしたうえで，その文言の意味内容を導く解釈そのものは可能であると考えられています（最（二小）判平18.6.19・判時1940号120頁，最（二小）判平24.1.13・民集66巻1号1頁参照。この点，金子宏・東京大学名誉教授も，この二つの判例を「趣旨解釈の例」として挙げられています（金子宏『租税法』〔第19版〕弘文堂112頁））。

　いずれにしても，文理解釈が第一義である租税法規では，趣旨を強調し過ぎることで，文言からは読み取れないような（納税者に不利益な）「**類推解釈**」「**拡張解釈**」をすることは許されないと解されています。

◆3　財産分与事件◆

　財産分与事件では，「趣旨解釈」が行われています。

　まず，譲渡所得に対する課税の「趣旨」に言及され★1，それを受けて，所得税法33条1項の「資産の譲渡」の意義が明らかにされています★2。

　「「資産の譲渡」とは…をいう」とあるが，この＜「××」とは××をいう…と解すべき＞という部分が，条文の文言の意味を明らかにする作業，つまり法解釈をしていることを示すサインです。

148

◆4　長崎年金事件◆

　長崎年金事件では，まずもって，文理解釈が行われています。
　相続税法9条1項15号（当時）の意味を，同条1項柱書の文言から解釈しているからです ★3 。
　ここでも，「「相続…により取得するもの」とは，を指す」とあります。これも＜「××」とは××を指す…と解される＞という記載であり，「法解釈」が示されていることがわかります。
　そのあとで，相続税法9条1項15号（当時）の「趣旨」を明らかにしています ★4 。

第Ⅲ部　判決の考え方を知ろう！

> ★**速効でチェック！**　「ＣＡＳＥ22」のポイント
>
> □　①　法的三段論法の「大前提」では法解釈として，法規に論理則を適用し，「法規範」を導いていく。この法解釈は，裁判所の専権だが，税務訴訟では争点になることも多い。
>
> □　②　法解釈の手法には，大きく①「文理解釈」と②「趣旨解釈」がある。租税法は，国民財産への侵害法規という性格から，まずもって文理解釈（文言解釈）を行うべきと考えられている。
>
> □　③　条文の文言だけからは，その意味を明らかにすることが困難な場合には，条文が制定された理由に立ち戻ることで，合理的な解釈を試みることになる（趣旨解釈）。

CASE23

判例の射程と事実上の拘束力

＜判決紹介＞
■弁護士顧問料事件（最（二小）判昭56.4.24・民集35巻3号672頁）
「給与所得とは雇傭契約又はこれに類する原因に基づき使用者の指揮命令に服して提供した労務の対価として使用者から受ける給付をいう ★1。なお，給与所得については，とりわけ，給与支給者との関係において何らかの空間的，時間的な拘束を受け，継続的ないし断続的に労務又は役務の提供があり，その対価として支給されるものであるかどうかが重視されなければならない ★2。」

■麻酔科医事件（東京地判平24.9.21・TAINS Z888-1723）
「給与所得とは，雇傭契約又はこれに類する原因に基づき使用者の指揮命令に服して提供した労務の対価として使用者から受ける給付をいうと解するのが相当であり ★3，給与所得該当性の判断に当たっては，給与支給者との関係において何らかの空間的，時間的な拘束を受け，継続的ないし断続的に労務又は役務の提供があり，その対価として支給されるものであるかどうかを重視するのが相当である ★4（上記最高裁判決参照）。（略）そうすると（略）事業所得に該当するか給与所得に該当するかは，自己の計算と危険によってその経済的活動が行われているかどうか，すなわち経済的活動の内容やその成果等によって変動し得る収益や費用が誰に帰属するか，あるいは費用が収益を上回る場合などのリスクを誰が負担するかと

151

いう点，遂行する経済的活動が他者の指揮命令を受けて行うものであるか否かという点，経済的活動が何らかの空間的，時間的拘束を受けて行われるものであるか否かという点などを総合的に考慮して，個別具体的に判断すべきである ★5。」

◆1　「判決の射程」と「事実上の拘束力」◆

　ＣＡＳＥ22では，裁判官の思考方式として「**法解釈の手法**」を解説しました。

　法解釈の手法については，さまざまな解釈方法がありますが，特に大別した場合に二つの方向性として登場する「文理解釈」と「趣旨解釈」について，どのような場合は文理解釈で，どのような場合が趣旨解釈なのかを，具体的な判決文を挙げながら考察しました。

　租税法は「侵害規範」ですから「文理解釈」（文言どおりの解釈のみ）をすべきであるということが，税務訴訟の主張ではよくみられます。最高裁もこのことを当然の前提にしている，と考えられています。

　しかし，他方で，租税法の解釈として，文理だけでは判定できない際には，その条文の趣旨を参照にしながら合理的に解釈することは許容されると解されています。

　この点については，養老保険事件の最高裁判決が所得税法34条2項の「その収入を得るために支出した金額」という文言について，同条同項の「趣旨」から合理的に解釈し，「当該収入を得た個人において自ら負担して支出したもの」に限ると解釈した点からもうかがうことができます（最（二小）判平24.1.13・裁判所HP）。

　そこで，ＣＡＳＥ23では，再び判例の判断枠組みが他事件でどのように適用されるか，という「**判例の射程**」及び「**事実上の拘束**

力」について，近時くだされた東京地裁平成24年9月21日判決（麻酔科医事件）を素材にしながら検討していきます。

◆2 判 例◆

1 主論（レイシオ・デシデンダイ）

下級審の判決を裁判例といい，最高裁判決を判例といいます。

また，狭い意味での「判例」は，単に最高裁判決を指すのではなく，当該判決の理由を導くために不可欠の規範的理由（一般性のある部分）を指します。

これを「**主論（レイシオ・デシデンダイ）**」といい，逆に他の事件に汎用性がない部分を「**傍論（オビタ・ディクタム）**」といいます。

2 判例の射程

このように考えると，判例を素材にするときには，最高裁判決の「主論（レイシオ・デシデンダイ）」は何かということを確定したうえで，さらにその「主論（レイシオ・デシデンダイ）」を別の事件（当該事件）にも適用できるかという「**射程**」の問題があることがわかります（判例の射程）。

◆3 給与所得の判断枠組みについての考察◆

1 最高裁昭和56年判決

これを所得税法28条1項の「給与所得」の判断枠組みについて検討すると，過去に弁護士の顧問料が「給与所得」か「事業所得」かが争われた事件があることがわかります（弁護士顧問料事件）。

この最高裁昭和56年判決が示した「給与所得」の判断枠組みが，★1と★2です。正確にいうと，★1で「給与所得」の定義（意

義）が判示され，★2で具体的な判断基準が判示されています。

2 最高裁昭和56年判決の射程

そこで「一応の基準」であるという断り書きはあるものの（上記引用部分では省略している），給与所得の定義と判断基準という「一般性・汎用性」のある判断枠組みが最高裁で示されたことになる以上，他の事件でも同じように「給与所得」に当たるか否かが争われた際には，この最高裁昭和56年判決の判断枠組み（★1・★2）が他の事件にも適用されると考えるのが論理的です。

3 東京地裁平成24年判決

実際，東京地裁平成24年判決（麻酔科医事件）は，★3で，最高裁昭和56判決を「参照」しながら（かっこ書き），同最高裁判決の★1と同じ言葉で「給与所得の定義」を判示しています。

東京地裁平成24年判決は，★4で，上記最高裁判決の★2とほぼ同じ言葉で「給与所得の判断枠組み」も判示しているのです。

これに加えて，さらに具体的な判定基準として，東京地裁平成24年判決は★5の基準も判示しています。

これは最高裁昭和56年判決があくまで「一応の基準」であり，それだけでは具体的な判定をするのに困難が伴う事案だったためだと考えられます。

いずれにしても，最高裁昭和56年判決を踏襲しながら，より具体的な判断枠組みを提示したといえるのです。

4 ストック・オプション事件

これに対して，これまでに紹介した最高裁平成17年1月25日第三小法廷判決は，給与所得該当性が問題になった事案であるのに，最高裁昭和56年判決を「所論引用の判例は本件に適切でない」と判示しました。

判例の射程はその事件のたびに検討されなければならない問題と

されるゆえんです。

　この点，登録を受けた塾講師や家庭教師を，塾や家庭に提供する業務を行う会社が，塾講師や家庭教師に対し，業務委託契約に基づき支払った報酬が，給与所得にあたるとして納税告知処分等を行われたため，その取消しを求めて納税者が訴訟提起をした事案があります。

　この事案で，東京高裁平成25年10月23日判決・裁判所ＨＰ（現在，上告審係属中）は，最高裁昭和56年判決は「一応の基準」でしかないため，先例拘束性はない旨の判示をしていますが，反対説も多くあります（谷口勢津夫『税法基本講義』〔第4版〕弘文堂269頁，池本征男「国税速報」6303号19頁等参照）。

第Ⅲ部　判決の考え方を知ろう！

> ★速効でチェック！　「ＣＡＳＥ23」のポイント
>
> ☐ ① 趣旨解釈については，例えば，養老保険事件の最高裁判決が所得税法34条2項の「その収入を得るために支出した金額」という文言について同条同項の趣旨から合理的に解釈して，「当該収入を得た個人において自ら負担して支出したもの」に限ると解釈した事例が一つの参考となる。
>
> ☐ ② 判例を素材にするときには，最高裁判決の主論は何かを確定したうえで，さらにその主論を別の事件にも適用できるかという「射程」の問題があることに注意する。
>
> ☐ ③ 例えば，東京地裁平成24年判決では，最高裁昭和56年判決を踏襲しながらより具体的な判断枠組みを提示した。一方，ストック・オプション事件（最（三小）判平17.1.25）は，給与所得該当性が問題になった事案であるのに，最高裁昭和56年判決を「所論引用の判例は本件に適切でない」と判示している。重要なポイントは，やはり判例の射程はその事件のたびに検討されなければならないということ。

CASE24

解釈論の限界を考える

＜判決紹介＞
■ストック・オプション加算税事件（最（三小）判平18.10.24・民集60巻10巻8号3128頁）

「外国法人である親会社から日本法人である子会社の従業員等に付与されたストックオプションに係る課税上の取扱いに関しては，現在に至るまで法令上特別の定めは置かれていないところ，課税庁においては，上記ストックオプションの権利行使益の所得税法上の所得区分に関して，かつてはこれを一時所得として取り扱い，課税庁の職員が監修等をした公刊物でもその旨の見解が述べられていたが，平成10年分の所得税の確定申告の時期以降，その取扱いを変更し，給与所得として統一的に取り扱うようになったものである★1。この所得区分に関する所得税法の解釈問題については，一時所得とする見解にも相応の論拠があり，最高裁平成16年（行ヒ）第141号同17年1月25日第三小法廷判決・民集59巻1号64頁によってこれを給与所得とする当審の判断が示されるまでは，下級審の裁判例においてその判断が分かれていたのである★2。このような問題について，課税庁が従来の取扱いを変更しようとする場合には，法令の改正によることが望ましく，仮に法令の改正によらないとしても，通達を発するなどして変更後の取扱いを納税者に周知させ，これが定着するよう必要な措置を講ずべきものである★3。ところが，前記事実関係等によれば，課税庁は，上記のとおり課税上の取扱い

を変更したにもかかわらず、その変更をした時点では通達によりこれを明示することなく、平成14年6月の所得税基本通達の改正によって初めて変更後の取扱いを通達に明記したというのである★4。」

◆1　法律の「解釈論」◆

　これまで「税務訴訟の判決」の読み方について、判決を素材にしながら解説をしました。

　税務をめぐる課税庁と納税者の「**見解の相違**」や「対立」はあとを絶ちません。それは、「課税における二項対立」というべきものがあるからです。

　課税庁は「課税したい」、納税者は「課税されたくない」。そうした根源的な「**二項対立**」があるのです（**課税における二項対立**）。

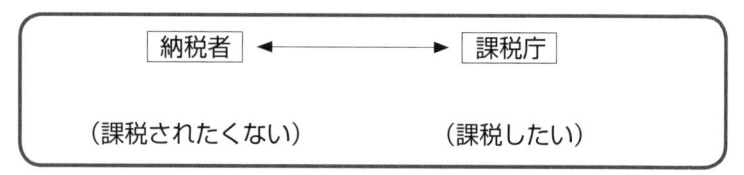

＜課税における二項対立＞

```
    納税者  ◄──────►  課税庁

  （課税されたくない）      （課税したい）
```

　租税法律主義のもとでは「法律」の枠内での課税のみが許されます。しかし、法律には「解釈」が存在します。これはいま日本国憲法9条の解釈として、これまで内閣法制局（政府の解釈）が認めていなかった集団的自衛権の行使を、新しい要件のもとで限定的に認める閣議決定がなされたことからもわかるでしょう（平成26年7月1日閣議決定）。

　例えば、「ストック・オプション事件」は、課税庁における「**見**

解変更」がまさに問題とされた事案でした。あらたに課税を行う場合には「法律」が必要であると憲法84条にはあっても，解釈を変更することには「**法律の改正**」まで求められていません。

いま憲法改正の議論に言及したのは，集団的自衛権の問題が示すように「**改正論**」として論じられるはずのことが，ときに「**解釈論**」にすりかえられることがあるからです。このことを，課税実務を扱う読者の方に強く認識してもらいたかったからです。

そこで，最後となるＣＡＳＥ24では「**解釈変更問題**」（解釈論の限界）について扱います。

◆2　所得税法上の解釈問題（法解釈）◆

ストック・オプション加算税事件の最高裁判決では，外国法人発行のストック・オプションで得た利益（権利行使益）の所得区分が「**所得税法上の解釈問題**」であると明記されています ★2 。

これは租税法律主義（憲法84）違反だという納税者の上告を棄却していることからもわかります。

あくまで「現行の租税を変更する」場面ではありません。「法改正」がなくても，租税法律主義には違反しないという論理です。

そうなると上記権利行使益が「一時所得」であるか「給与所得」であるかは，所得税法28条1項が定める「給与所得」に該当するかどうか，該当しない場合には所得税法34条1項が定める「一時所得」に該当するかどうかという「法律の解釈の問題」（法解釈の問題）になります。

所得区分はこの事件に限らず，多くの事例で問題になっています。そこでは所得税法が定める各所得区分を定めた規定の解釈とあてはめが争われます。

本件もそれと同じだというのは，所得区分の問題からアプローチすれば何の違和感もないでしょう。

◆3　取扱いの変更には法改正は不要◆

しかし，本件が争いになったのは，そのような所得区分の法解釈からではありません。この最高裁判決も判示するように，もともと課税庁が「一時所得」との見解を示し，そのように取り扱っていたものを，「給与所得」という税額が約倍になる所得区分に変更したからです ★1 。

解釈の変更だから「現行の租税を変更する」にあたらないと考える（最高裁は「取扱いの変更」と判示しています）。それでよいのでしょうか。

最高裁は「課税庁が従来の取扱いを変更しようとする場合には，法令の改正によることが望ましく，仮に法令の改正によらないとしても，通達を発するなどして変更後の取扱いを納税者に周知させ，これが定着するよう必要な措置を講ずべき」だと判示します ★3 。

法改正は「望ましい」なのでマスト（義務）ではない。

ただし，通達改正などにより周知定着の措置が必要だということです。

租税法律主義はまさにこのような場合に「法律」（改正）が必要だという考えではないのでしょうか。

ちなみに，この最高裁第三小法廷判決の後にくだされた同種事件での最高裁平成18年11月16日第一小法廷判決・判タ1229号209頁では「法令の改正によることが望ましく」という文言だけ削除されています。

この判断は争点としては，一時所得で申告した納税者に「正当な理由」（通則法65④）があるかに関連します。平成14年6月の通達改

正前の申告はこれを認めて過少申告加算税は賦課しないという判断です★4。

なお、同じように法解釈をめぐり「正当な理由」(通則法65④)の有無が争いになった事案に、本書でも紹介した養老保険事件があります。下級審ではこれを認める裁判所もありましたが（福岡高判平22.12.21・裁判所ＨＰ)、最高裁はこれを否定しています（最（一小）判平24.1.16・判タ1371号118頁等)。

さらに、この最高裁のあとに審理がなされた差戻審では、課税庁（国税当局）が過去に納税者が主張するような見解を採用していた事実があったか否かを重点的に審理し、そのような証拠はないとしています（福岡高判平25.5.30・裁判所ＨＰ)。

◆4 「解釈論」と「憲法改正」の関係◆

平成24年4月27日に自民党の「憲法改正草案」が公表され、その頃から「憲法改正」が話題になっています。

国家安全保障の観点から「集団的自衛権」の行使を憲法改正で9条に規定する。これは「改正論」です。

しかし、内閣法制局が「解釈変更」をし、「法律の制定」で対応しようとするのは**「解釈論」**です（自衛隊も解釈論で9条との抵触を切り抜けてきました)。

いまの憲法を安易に改正するのはよくないという考えもあります。他方で、解釈論で規定をすり抜けられる社会を容認してよいのかという問題もあります（この詳細をストーリーで描いた**『小説で読む憲法改正』**〔法学書院〕がありますので、ご興味ある方はお読みいただければ幸いです)。

課税の現場でも、じつはこれと同じ問題が起き続けています。

つまり，問題は「**法の枠組み**」を解釈によって，拡げてしまってよいかということです。

法の規定は抽象的にならざるを得ないから，解釈論そのものは必要になるのは当然です。

しかし，**解釈論**という名のもとに，条文の規定から読み取れる（そして本来の枠として規律されていたはずの）意味（**条文が規律している範囲**）を超えるような，言い換えれば枠組みを崩すような解釈が許されるのか，という問題があります。

法律の専門家はこの点について，つねに注視をしていなければならないでしょう。

特に課税の場面では多くあることなので，税の専門家が，本書のような書籍を通じて，法の枠組みについての考え方を学ぶことは，実務的にも大きな意味を持つと考えています。

★速効でチェック！　「CASE24」のポイント

- □ ① 税務をめぐる課税庁と納税者の「見解の相違」や「対立」はあとを絶たないが，その理由は，「課税における二項対立」があるからということを，いま一度認識しておきたい。

- □ ② 租税法律主義のもとでは法律の枠内での課税のみが許される。しかし，法律には「解釈」が存在し，それらが時に問題を生む火種となる。

- □ ③ ストック・オプション加算税事件などに見られるように課税の現場でも，「法の枠組み」を解釈によって拡げてしまってよいかという問題がある。法律の専門家はこの点について，つねに注視をしていなければならない。税の専門家が法の枠組みについての考え方を学ぶことは，実務的にも大きな意味を持つ。

第Ⅲ部　判決の考え方を知ろう！

〜ちょっと，ひと休み〜
◇◆法律用語のむずかしさは何が原因⁉◆◇

　「法律用語は，外国語だと思ったほうがいいです」と，わたしは学生に伝えることがあります。

　自分自身，20年前に大学の法学部に入学して，初めて法律と対峙したときに，大学の民法の先生が「次回はここまでやるのでテキストを読んできてください」と丁寧に予習事項を教えてくれたのですが，その該当部分を読んでみても，一文一文の意味がまったくわからずに，なかなか読み進められない，という経験をしました。

　民法のテキストといいながら，そこで使われている（説明のために使われている）用語の意味がまた法律用語なので，その法律用語の意味を調べてないと，説明の意味もわからない，という複雑な構造になっていたからです。

　例えば「上告棄却」という一言をみても，それが何を意味するのかが大学1年生にはわからない。「棄却」の読み方すらわからない学生もいるでしょう。

　さらに「破棄差戻し」「原判決取消し」などとでてくると，どれも同じように思えて，何が何やらさっぱりわからない。判例を勉強しようとしても，こうした専門用語が説明なく使われていて（いまのわたしにはよくわかるのですが），大学生のわたしにはさっぱりわかりませんでした。

　なんのことはない。これらの用語は「民事訴訟法」という科目を勉強しないとわからない仕組みになっているのです。しかも，民事訴訟法でもこの用語の意味を教えてくれる授業はあまりない（ちなみに民事訴訟法は3年生の科目でした）。

法律用語のむずかしさは翻訳語であることが原因ともいわれますが，説明に使われている用語も法律用語だからなのではないかと思います。

あとがき

　本書では，さまざまな「税務訴訟判決」をみて，その基本的な読み方について解説を行ってきました。

　本書を読まれて，「やはり判決文はむずかしい」「判決は読みにくい」という印象をもたれた方もいるかもしれません。逆に，「これくらいであれば，自分でも読めそうだぞ」と，自信を深められた方もいるかもしれません。

　大事なことは，実務家は，ただ学習のために，判決文を「あとからながめて，それを理解すればよい」というわけではない，ということです。

　租税法を学習している学生であれば，そのような読み方がまずは重要になりますし，将来における実務も念頭に置きながら，さまざまな判決文を読み，その読み方や判決内容に対する知識を増やしていくことには大きな意義があるでしょう。

　しかし，**おそらく読者の大半を占めるだろう実務家にとっては，お勉強で判例を読めばよい，ということにはなりません。**

　なぜならば，判決文が示された事件は，その事件だけで考えてみると，同種事件が多数ある場合は別として，基本的にその1件だけにあてはめる判決内容になっているのが原則だからです。

　そして，その事件は，もはや解決済みであって，今後二度と全く同じ事件が争われることはないからです。

　そうすると，**実務家にとっての「税務訴訟判決」を読む技術とは，いまある問題に対応できる実務能力でなければなりません。**

このことに，まず自覚的になっていただければと思います。

それでも，過去の判決を読む力を養う意味はどこにあるのでしょうか。

それは，本文でも解説をしてきましたが，判決には，**その判決が他の事件にも一般的に適用される可能性を示す「射程」の議論がある**からです。

例えば，給与所得とは何を指すかという議論があったときに，所得税法28条1項をみても複数の例示があったあとに「これらの性質を有する給与」とあるだけで，その具体的な定義もなければ，判定基準も示されていないのです。

そこで判例を調べてみると，古い判例ですが，弁護士顧問料事件という有名な『租税判例百選』〔第5版〕（有斐閣）にも登載され続けている事件があって，そのなかで「給与所得とは……」という定義と判定基準が示されていることがわかります。

これを弁護士顧問料事件，つまり，顧問先から弁護士がもらった報酬（顧問料）が，その弁護士にとって事業所得にあたるか，給与所得にあたるか，という問題の解決だけのために理解しようとすると，その結論だけ覚えれば，存在意義はないことになるでしょう。

しかし，実際には，いっとき世間をにぎわせた事件で，わたしも主任として担当させていただいたストック・オプション事件のように，先例がない事例が登場したときに，その給与所得該当性が問題になっているため，やはり先例である昭和56年判決（上記弁護士顧問料事件）を使うべきではないか，あるいは射程外だから使うべきではないのではないか，という議論が起きるのです。

このような議論は，解決したストック・オプション事件では，最高裁平成17年1月25日第三小法廷判決・民集59巻1号64頁が，「所論引用の判例は本件に適切でない。」として，射程外であることを

示しましたが，他の事件においては，やはりその都度，射程内か射程外かということが問題になり続けています。

このように判例をみることができるようになると，それは一つの「ものさし」としての役割を果たすようになります。

税務問題を裁く（処理する）ための「ものさし」です。

それはメルクマールといっても，基準といっても，スタンダードといってもよいかもしれません。

より実務的にいうと「**税務問題を解決するための武器**」といってもよいでしょう。

そのような武器を身につけ，その技術を磨くための書として，本書を活用していただければ，著者として望外の幸せです。

最後までお読みいただいた読者の方々に，そして本書を世に出すきっかけをつくってくださった，連載記事の発案者と本書の発案者である，ぎょうせい月刊「税理」編集部のみなさまに深く御礼申し上げます。

用語索引

【あ】

あてはめ／13, 63, 64, 65, 68, 70, 71, 79, 83, 103, 131, 139, 140, 141, 142, 143, 146, 147, 159, 166

意見／96

移審／119

一部取消判決／39

一部認容判決／20, 41

一審原告／24, 27, 29, 120

一審被告／24, 29, 120

延滞税／21

オビタ・ディクタム／79, 112, 153

【か】

解釈の変更／90, 160

解釈変更問題／159

解釈論／63, 98, 157, 158

解釈論の限界／157, 159

改正論／159, 161

下級審判決／79, 101

拡張解釈／148

確定／29, 35, 42, 56, 77, 107, 109, 118, 119, 120, 121, 125

確定判決／29, 107, 117, 118, 119, 120, 129

確定判決の効力／118, 119, 120

確認判決／20, 21

課税処分／12, 21, 22, 25, 26, 45, 52, 53, 120, 137

課税における二項対立／158

課税要件法定主義／136

間接事実／142

間接事実中心主義／142

間接証拠／143

棄却／12, 13, 18, 19, 22, 24, 25, 27, 28, 29, 31, 32, 34, 35, 36, 38, 39, 40, 41, 82, 84, 86, 159, 164

棄却判決／22, 23, 34, 86

基準／2, 55, 64, 70, 71, 79, 80, 92, 102, 103, 104, 113, 118, 121, 122, 123, 129, 134, 139, 154, 155, 167, 168

規範／13, 46, 63, 64, 65, 70, 71, 76, 77, 78, 79, 80, 83, 88, 92, 95, 100, 101, 103, 104, 109,

117, 131, 134, 139, 140, 141, 142, 143, 146, 147, 152, 153

規範とあてはめの峻別／70

却下判決／22, 23

給付判決／20

行政事件訴訟法／56

行政訴訟／14, 47, 56

経験則／64, 142, 147

形成判決／20, 21

見解の相違／158

見解変更／121, 158

減額更正／121

原告／10, 11, 12, 13, 15, 18, 20, 22, 23, 24, 26, 27, 28, 29, 42, 44, 52, 53, 56, 58, 120, 130

原審の判断／82, 83, 84, 85, 86, 88

原判決／24, 25, 27, 29, 31, 33, 38, 39, 40, 41, 77, 90, 164

原判決破棄／33

更正処分／12, 38, 41

更正の請求／10, 12, 19, 121, 123

更正をすべき理由がない旨の通知処分／10, 19

控訴審／19, 24, 25, 26, 27, 29, 32, 33, 34, 35, 39, 40, 41, 42, 59, 77, 78, 84, 86, 98, 101, 102, 103, 104, 107, 110, 118, 119, 125, 137

控訴審判決／24, 25, 27, 29, 32, 33, 34, 35, 39, 40, 41, 42, 77, 102, 107, 137

控訴人／24, 25, 26, 27, 28, 29

公知の事実／14, 48

高等裁判所／25, 27, 38, 42, 122

国税不服審判所／13, 47

誤納金／21

【さ】

最高裁判決／12, 35, 39, 53, 59, 69, 70, 73, 76, 79, 82, 83, 84, 86, 88, 89, 94, 95, 96, 97, 100, 101, 102, 103, 104, 106, 107, 108, 110, 111, 112, 113, 115, 117, 118, 125, 143, 151, 152, 153, 154, 159, 160

裁判上の自白／14, 48

裁判所に顕著な事実／14, 44, 48

裁判所の判断／11, 16, 61, 62, 64, 65, 68, 95

裁量上告制／85

差戻審／41, 42, 161

差戻し判決／39

参照／67, 69, 70, 104, 114, 139, 147, 148, 151, 152, 154

三審制／32

事案の概要／10, 13, 73, 77

事実認定／13, 14, 63, 64, 65, 68, 73, 77, 78, 79, 130, 142, 147

自判／41, 42

借用概念／147

射程の議論／91, 95, 112

終局判決／118, 119

趣旨解釈／145, 147, 148, 152

出訴期間／22

主要事実／47, 142

受理決定／36, 85

主論／80, 114, 115, 155

状況証拠／142

上告／19, 25, 31, 32, 33, 34, 35, 36, 38, 40, 45, 59, 77, 78, 82, 84, 85, 86, 92, 107, 108, 109, 119, 125, 155, 159, 164

上告受理の決定／35

上告受理申立て／32, 35, 36, 59, 84, 85, 86, 107, 119

上告受理申立て理由／35, 36, 59

上告受理申立て理由書／59

上告審判決／31, 32, 33, 38, 39

上告手続／32, 84

上告人／31, 33, 38, 40, 41, 82, 85, 86, 92, 94

上告不受理の決定／35

少数意見／96

小前提／13, 63, 64, 65, 68, 141, 142, 147

職務上顕著な事実／48

職権主義／47

職権証拠調べの禁止／47

事例判決／91, 103

事例判断／91, 103, 117, 118

侵害法規／147

審査請求／47

請求／10, 11, 12, 13, 18, 19, 20, 22, 23, 24, 25, 26, 27, 28, 29, 30, 38, 40, 41, 47, 82, 91, 114, 118, 121, 123, 139, 143

正当な理由／28, 29, 34, 39, 40, 41, 42, 110, 160, 161

成文法／79

施行規則／46

施行令／45, 82, 95, 128, 129, 131

前提事実／10, 14

全部勝訴／13, 32, 39, 40, 41

全部認容判決／20

全部判決／40

先例／32, 89, 91, 112, 117, 143, 155
争点／11, 14, 34, 50, 51, 52, 53, 54, 55, 61, 62, 64, 65, 90, 130, 131, 146, 160
双方控訴／28, 29
訴訟費用／10, 12, 24, 27, 28, 29, 34, 35, 38, 40, 41
訴訟費用の負担／12, 27, 28, 29, 34, 35, 41
訴訟要件／22, 23
租税法律主義／1, 46, 50, 54, 97, 98, 135, 136, 140, 158, 159, 160

【た】
第一審判決／12, 18, 21, 24, 25, 27, 28, 29, 33, 34, 40, 41, 45, 51, 55, 58, 59, 61, 62, 68, 73, 77, 102, 118
大前提／13, 63, 64, 65, 68, 84, 131, 137, 141, 146, 147
代表なくして課税なし／135
中間判決／118
調査官解説／88, 89
徴収処分／21
直接証拠／142

直接証拠中心主義／142
通達／3, 44, 46, 67, 82, 95, 98, 106, 117, 118, 121, 122, 123, 125, 129, 134, 135, 136, 137, 138, 140, 157, 158, 160
通達課税の禁止／46
通知処分／10, 12, 19
当事者の主張／15, 16, 50, 54, 55, 56, 57, 58, 59, 61, 62, 73, 77, 130
同種事件／98, 107, 108, 109, 111, 160, 166
取扱いの変更／160
取消訴訟中心主義／21
取消判決／21, 39, 120

【な】
認容／11, 12, 20, 21, 22, 27, 28, 29, 34, 38, 40, 41, 82, 86, 91
認容判決／20, 21, 41, 86
納税告知処分／21, 155

【は】
破棄／31, 32, 33, 38, 39, 40, 41, 42, 164
破棄差戻し／42, 164
判決主文／12, 13, 18, 19, 21, 23,

24, 25, 31, 32, 33, 34, 38, 39, 40, 45, 52, 62, 78, 79
判決理由／13, 16, 19, 45, 52, 53, 63, 67, 68, 90, 112, 113, 130, 137
反対意見／96
判断枠組み／70, 71, 79, 92, 102, 103, 104, 107, 153, 154
判定基準／64, 70, 80, 117, 122, 123, 154, 167
判例／11, 21, 32, 35, 45, 48, 52, 69, 73, 74, 78, 79, 80, 83, 85, 88, 89, 90, 91, 92, 95, 96, 101, 103, 104, 107, 111, 112, 113, 115, 117, 125, 126, 137, 143, 146, 148, 151, 152, 153, 154, 164, 166, 167, 168
判例の射程／92, 95, 103, 111, 112, 113, 151, 153, 154
判例の射程外／113
判例の先例拘束力／112
判例法／79, 112
被控訴人／24, 25, 26, 27, 29
被告／10, 12, 13, 18, 24, 26, 28, 29, 34, 42, 55, 56, 58, 67, 72, 120, 128, 130, 131, 138
不受理決定／85, 119

不当利得返還請求／21
不服申立て／1, 47, 77, 85
文理解釈／145, 147, 148, 149, 152
弁論主義／14, 47, 130, 131
弁論主義の第1テーゼ／47
弁論主義の第2テーゼ／14, 47
弁論主義の第3テーゼ／14, 47
法解釈／13, 14, 32, 35, 36, 51, 52, 58, 63, 64, 65, 68, 69, 71, 73, 77, 78, 79, 83, 90, 108, 128, 129, 130, 131, 135, 141, 142, 145, 146, 147, 148, 149, 152, 159, 160, 161
法規範／63, 64, 65, 109, 131, 141, 143, 146, 147
法廷意見／95, 96, 97, 98, 101
法的観点指摘義務／130
法的三段論法／3, 13, 62, 63, 64, 68, 79, 131, 141, 146, 147
法の枠組み／162
法律／1, 2, 3, 4, 11, 21, 23, 42, 45, 46, 48, 50, 52, 54, 63, 67, 69, 70, 77, 78, 79, 92, 97, 98, 106, 112, 132, 134, 135, 136, 137, 140, 141, 142, 143, 146, 147, 158, 159, 160, 161, 162,

164, 165
法律審／42, 77, 78
法律の改正／159
法令／3, 10, 14, 44, 45, 46, 51, 67, 69, 85, 106, 121, 123, 128, 129, 131, 132, 134, 135, 157, 160
法令の定め／10, 14
法令用語／128, 129, 131, 132, 135
傍論／78, 79, 89, 109, 112, 153
補足意見／73, 94, 95, 96, 97, 98, 101

【ま】

民事訴訟／2, 14, 19, 20, 23, 45, 47, 56, 58, 125, 130, 141, 164
民事訴訟法／2, 19, 20, 23, 45, 47, 56, 130, 141, 164

命令／45, 46, 134, 140, 151, 152
メルクマール／70, 168
申立人／31, 85
門前払い／22

【や・ゆ・よ】

要件事実／3, 48

【ら】

ライティング／70
リーディング／70
立法趣旨／128, 131, 148
立法論／62, 63, 64
類推解釈／148
レイシオ・デシデンダイ／78, 112, 153
論理解釈／148
論理則／63, 131, 141, 146, 147

<著者紹介>

木山　泰嗣（きやま・ひろつぐ）

　1974年横浜生まれ。弁護士。上智大学法学部を卒業後，都内の鳥飼総合法律事務所に所属し（パートナー），税務訴訟及び税務に関する法律問題を専門にする。青山学院大学法科大学院客員教授。主な担当事件に，ストック・オプション税務訴訟（最高裁第三小法廷平成18年10月24日判決等で一部逆転勝訴）などがある。

　青山学院大学法科大学院では「租税法」を，同大学法学部では「法学ライティング」を，上智大学法科大学院では「文章セミナー」を担当している。『税務訴訟の法律実務』（弘文堂）で，第34回日税研究賞「奨励賞」を受賞。一般書籍から，専門書籍まで幅広いジャンルで執筆活動を行っている（本書で単著の合計は，34冊）。主な著書に，『小説で読む民事訴訟法』（法学書院），『租税法重要「規範」ノート』（弘文堂），『センスのよい法律文章の書き方』（中央経済社），『弁護士が教える分かりやすい「所得税法」の授業』（光文社新書），『法律に強い税理士になる』（大蔵財務協会）などがある。

　最近では，女子アナウンサーが条文を読み上げる『女子アナ民法』及び『「聴く」日本国憲法』（いずれも中央経済社）のＣＤ監修も担当した。

　「むずかしいことを，分かりやすく」そして「あきらめないこと」がモットー。

◆ブログ：税務訴訟Q＆A（弁護士　木山泰嗣のブログ）
◆ツイッター：@kiyamahirotsugu

「税務判例」を読もう！
―判決文から身につくプロの法律文章読解力

平成26年9月1日　第1刷発行
令和7年5月30日　第12刷発行

著　者　木山　泰嗣
発行所　株式会社　ぎょうせい

〒136-8575　東京都江東区新木場1-18-11
電話　編集 (03)6892-6537
　　　営業 (03)6892-6666
フリーコール　0120-953-431
URL:https://gyosei.jp

〈検印省略〉
印刷　ぎょうせいデジタル㈱
＊乱丁・落丁本は、送料小社負担にてお取り替えいたします。
禁無断転載・複製　　　　　　　　　　　　　　　Ⓒ2014　Printed in Japan
ISBN978-4-324-09864-6
(5108079-00-000)
〔略号：税務判例読解〕